珍藏本
纪念版

汉译世界学术名著丛书

法的形而上学原理

——权利的科学

〔德〕康德 著

沈叔平 译

林荣远 校

商务印书馆
SINCE 1897 The Commercial Press

2017年·北京

Kant

THE SCIENCE OF RIGHT

From Great Books of the Western World

Encyclopaedia Britannica, Inc.

根据《西方名著大全》第 42 卷 1980 年第 23 版译出

汉译世界学术名著丛书
(120年纪念版·珍藏本)
出 版 说 明

2017年2月11日,商务印书馆迎来120岁的生日。120年前,商务印书馆前贤怀揣文化救国的理想,抱持"昌明教育,开启民智"的使命,立足本土,放眼寰宇,以出版为津梁,沟通中西,为中国、为世界提供最富智慧的思想文化成果。无论世事白云苍狗,潮流左右激荡,甚至战火硝烟弥漫,始终践行学术报国之志,无改初心。

迻译世界各国学术名著,即其一端。早在20世纪初年便出版《原富》《天演论》等影响至今的代表性著作,1950年代后更致力于外国哲学和社会科学经典的译介,及至1980年代,辑为"汉译世界学术名著丛书",汇涓为流,蔚为大观。丛书自1981年开始出版,历时三十余年,迄今已推出七百种,是我国现代出版史上规模最大、最为重要的学术翻译工程。

丛书所选之书,立场观点不囿于一派,学科领域不限于一门,皆为文明开启以来,各时代、各国家、各民族的思想与文化精粹,代表着人类已经到达过的精神境界。丛书系统译介世界学术经典,引领时代思想，为本土原创学术的发展提供丰富的文化滋养，为推动中国现代学术和现代化进程做出了突出的贡献。

为纪念商务印书馆成立120周年，我们整体推出“汉译世界学术名著丛书”120年纪念版的珍藏本，寄望既利于文化积累，又便于研读查考，同时向长期支持丛书出版的译者、编者和读者致以敬意。

两甲子后的今天，商务印书馆又站在了一个新的历史时间节点上。我们不仅要铭记先辈的身影和足迹，更须让我们的步伐充满新的时代精神。这是商务人代代相传的事业，更是与国家和民族的命运始终紧密相连的事业。我们责无旁贷，必须做好我们这代人的传承与创造，让我们的努力和成果不仅凝聚成民族文化的记忆，还能成为后来人可以接续的事业。唯此，才能不负前贤，无愧来者。

商务印书馆编辑部

2017年10月

译者的话

康德法学理论的主要著作是1797年出版的《道德形而上学》上册《法的形而上学原理》。康德在此书中阐述了他的法学思想。他的法学思想的渊源，主要来自罗马法和法国启蒙思想家，特别是卢梭和孟德斯鸠。康德的法学理论有鲜明的代表性，代表了传统的西方法学中的一些重要观点。

西方的法学，自柏拉图起到康德乃至今天，若用粗线条来描述其主流的话，可以说就是从人出发，从人性出发，探讨公民的自由和权利，从而论述法律的实质、作用以及其他属性。康德也是沿着这根轴线来展开他的法学思想的。

康德一生的研究活动，经历了几个阶段。在晚年，尤其是在法国大革命之后，对伦理、美学、社会、法律、政治及和平等问题倾注了极大的注意力。他以其天才的哲学思辨力论述了这一系列的问题。他的法学理论的最重要之点，是为自由主义法学思想提出一套哲学的论证。

康德的法学理论，概括起来就是尊重人。因为只有人才有自由意志，才有与生俱来的天赋权利：自由。由于人是理性的动物，又有选择自己行为准则的能力，所以，人必须对自己所选择的行为负责。人，为了自己的自由，必须尊重他人的自由，务必使得自己的自由与他人的自由能并行不悖。孟德斯鸠对此观点早就有论述,但是,康德由此出发,提出法律就是依照这一最高原则,由立法机关制定一整套明文法规,法律的最终目的是维护公民,也可以说是维护人的自由以及由此而派生的其他一切权利。康德旗帜鲜明地提出,文明社会就是由法律来规范人们外在行为的社会,文明社会是有公民宪法、有法治的共和政体。所以,他反对教权,反对封建贵族特权。

他不但论证一个民族必须建立法治的社会来保证个人的权利,而且从全世界范围来说,各民族也要建立一种法律秩序(他称之为国际法和世界法)来保证各民族的权利,并向人类的永久和平接近。

当然,康德的法学理论也必然有其时代的烙印,有其局限性,比如,他坚决反对公开处死查理一世和路易十六;不许人民怀疑现存最高统治权力从何而来;不许人民武装反抗违背人民利益的现政权等等。

在我国,对康德的法学思想尚缺深入、系统的研究。我们要逐步健全社会主义的法制,也有必要了解西方的文明并吸取他们的长处。所以翻译出版这本书,可以给我国的法学界提供一份具有一定参考价值的资料。

《法的形而上学原理》一书包含着大量的康德的先验哲学思想,各国译者根据自己对此书的领会而译,自然不免有大同小异之处。再者,德语的“Recht”一词有法、权利、正义等含义,所以,一百多年来,就英译本而言,他的《法的形而上学原理》便有几种不同的译法。

1887年，黑斯蒂把此书译为《权利的科学》；1965年，拉迪译为《正义的形而上学原理》，还有人译为《法律哲学》等等。

英译本中，以黑斯蒂的译本最受重视。例如，由芝加哥大学最初编纂出版的《西方名著大全》(1980年已出到第23版)其第42册内收集的就是黑斯蒂的译本。1971年，莫里斯编的《伟大的法哲学家》所摘录的也是他的译本。

此中译本，译者曾在1982年按莫里斯的摘录本译出，并已收入《西方法律思想史资料选编》中(北京大学出版社1983年版)。为了对康德的法学原理有较完整的认识，译者在《西方名著大全》中找到此书，又全文译出，并对已收入上述《选编》的译文作了修正。

为了尽可能不失康德原意，译者请国际关系学院德语教师，第一位从联邦德国取得博士学位回国的林荣远先生按德文原著对本译文做了仔细校订。他所用的德文本为Königsberg, bey Friedrich Nicolovius 1798年版，他还把康德为此书写的附录译出。从根据德文原著校订的情况看，黑斯蒂的英译文很准确地表达了原著的内容，此外，黑斯蒂添加了一些小标题，并按内容的连贯性把一些分段的地方连接起来。英译本用斜体字印刷以示重要的地方也少于德文本。

康德的哲学思想比较深奥，加之德语与英语之间有一定差异，有些重要的范畴术语又是多义的，这些都增加了中译本工作的难度。所以，不当之处在所难免，衷心企待读者赐教。

沈叔平

1988.8.8

目　　录[1]

① 德文版中没有“目录”字眼。——译者

权利科学的分类

权利科学

第一部分　私人权利(私法)

第二部分 公共权利(公法)

序　　言[①]

① 这篇“序言”没有收入《西方名著大全》。现在根据拉迪的译本译出。“The Metaphysical Elements of Justice”1965 年 New York，Bobbs-Merill Co. Inc 版 J. 拉迪译，有的地方和黑斯蒂的译法有些出入。另外，正义(justice)一词，一般说来，译作公正比较妥当。在这里，按照通常习惯，仍译为正义。——译者

为道德形而上学上卷"正义的哲学原理"而写[①]

根据计划，写完《实践理性批判》之后，另写一体系：《道德形而上学》。《道德形而上学》分为两部分："正义的哲学原理"和"善德的哲学原理"。〔也可以把它们看作是已出版的《自然科学的哲学原理》(1786 年)的姐妹篇〕，下面的序言计划叙述并阐明道德形而上学这个体系的形式。[②]

作为道德理论第一部分的"正义的理论"，是我们从理性引申出来的一个体系。这个体系也可以称之为"正义的形而上学"。因为，正义的概念既是一个纯粹的概念，同时又是考虑到实践(就是把这种概念运用到在经验里所遇到的具体事例)而提出的概念，结果是，当把这个词的诸多概念再分成细目时，正义的哲学体系就必然会考虑到经验中事物的多样性和差异性，以便使这些细目达到完整(要求细目划分完整是建立一个理性体系必不可少的条件)。但是，在划分经验(指经验的诸概念)的细目时，完整性却是不可能做到的，每当企图这样做时(或者，哪怕企图去接近这个完整)，由于这些概念并不是构成此体系必不可少的组成部分，其结果便变成只是用举例的方式起到注释的作用而已。因此，道德理论第一

① 德文版无此副标题。——译者

② 按德文版，后三本书的译名应为：《法的形而上学原理》、《道德的形而上学原理》和《自然科学的形而上学原理》。——译者

部分的唯一恰当的名称是"正义的哲学原理"。[1] 如果我们考虑到引用经验的事例,我们能够盼望获得的仅仅是一种近乎体系的东西而不是体系本身。因此,在《自然科学的哲学原理》中使用过的说明式的论述方法,也将在这里使用。本书的正文将讨论正义(公正)[2]并把它作为这个先验体系的大纲,本书的解释部分将讨论那些来源于经验的、涉及具体事例的权利[3]问题,有时候篇幅很长,如果不采取这种办法,那么,关于哲学原理部分和那些关于法律的经验实践部分,就难以区分清楚。

我们经常受到责备,说我的文章尽是晦涩难懂的道理,我也确实被指责有意故弄玄虚,把文章写得含糊难懂,为的是使别人觉得文章的内容十分深奥。要想预防排除这种指责,没有比接受一位真正的哲学家哈利·卡夫[4]给所有的哲学作者所规定的、义不容辞的义务有更好的办法了,可是,在接受这种义务时,我把它限定在一定的范围内,即必须根据这门学科的性质来写,并且要使得这门学科能够获得改进和扩展。

上面提到的那位明智的人物,在他的《杂文集》中(第 352 页等)很正确地要求,任何哲学理论都要写得大众化(即把文章写得能为一般公众所领会),如果一位理论家希望不被指责说他的文章

① 由于德文"Recht(法)"一词有权利和公正的含义,所以,"公正的哲学原理"也可以译成"法律哲学"或"法哲学"。——译者

② 这就是康德所说的"法",不过,J. 拉迪把它译为"正义",而康德本人也认为译为"法哲学"最合适。——译者

③ 也就是康德所谈的"法"。——译者

④ 哈利·卡夫是德国莱比锡大学的哲学教授(1742—1798)。——英译者 J. 拉迪注

写得晦涩难懂。我很赞同这个要求，但有一个例外，那就是不包括对理性本身能力的批判的体系，以及依据这个体系来决定的一切问题。我的理由是，在我们的认识中，可感觉的和超感觉的知识的区别，仍然受到理性能力影响。这一体系永远不可能被人人所理解。正如形式的形而上学[①]也无法做到大众化一样，虽然可以把它写得比较简明些。可是，想把主题写得大众化（使用大众的语言）是不可想象的；相反，我们却要坚持使用学术性的精确语言（因为这是在学校里使用的语言），尽管这种语言被认为过分烦琐。但是，只有使用这种语言才能把过于草率的道理表达出来，让人能够明白其原意而不至于被认为是一些教条式的专断意见。

可是，当学究们敢于对一般公众（在讲台上或在通俗读物中）使用那些仅仅是在学校里才适用的专门词汇时，一位主张批判性的哲学家所受到的指责，不应该多于一位被一些愚蠢的人指责为是在文字上吹毛求疵的语言学家。应该受讥笑的是他这个人而不是这门学科。

此外，那些尚未放弃古老体系的人，一听到别人用贬低的口吻说"在出现批判哲学之前就不存在哲学"，他们就觉得说这些话的人很傲慢和主观。我们在判断这种显而易见是狂妄专横的推断之前，首先要问：真的有可能存在多种哲学而不只是单一种哲学吗？[②] 当然，事实上存在多种的哲学论述方式，以及通过多种方式

---

① 自从亚里士多德提出形式和质料两个概念（或范畴）以来，"形式"往往指原则或原理的意思。康德在这里说的"形式的形而上学"，可以理解为纯粹讲哲学原理的哲学。——译者

② 在德文版此处有重点符号。——译者

去追溯最早的理性原则，随之或多或少成功地去建立一个体系的基础。这不仅仅存在过，而且必定有过许多这样的尝试，而每一种尝试都对当代哲学作出过有益的贡献。不过，从客观的角度看，既然只有一种人类的理性，就不会有多种的哲学，这就是说，不论看来如何多种多样，甚至自相矛盾，人们可以各自对同一个命题作哲学的阐述，但是，按照原则建立的哲学体系却只能有一种。所以道德家说得很正确，只有一种善德以及只有一种善德的理论，那就是只有一个体系，它通过一条原则把所有善德义务都概括起来了。化学家安东伦·罗伦托·劳沃斯尔（1743—1794）说：化学只有一个体系。同样，病理学家勃朗（1735—1788）说：疾病分类的体系只有一个原则。虽然事实上新的体系取代所有其他的体系，但是这并不减损前人（道德家、化学家和病理学家）的功绩，因为，如果没有他们的发现，甚至是他们失败的尝试，我们就无法在一个体系里取得整个哲学的真正原理的统一。

所以，每当某人宣称某个哲学体系是他自己创造的时，实际上他是说，在他之前不存在任何其他的哲学。因为，如果他承认另有一种而且是真正的哲学，那他必须承认对同样事物存在两种不同的哲学，这就自相矛盾了。因此，当批判的哲学声言：这是一种哲学，在它之前绝对没有什么哲学。这位批判的哲学家所做的事情，与任何一个根据自己的计划去建立一种哲学的人所做的或将要做的，或必须要做的事情没有什么不同。

有人责备这种哲学的主要的和与众不同的部分，并非来自它自身内在的发展，而是从别的哲学（或数学）取得的。这虽然没有多大意思，但也并非毫不重要。例子之一是，我看到“蒂宾根”杂志一位评论员宣称,《纯粹理性批判》的作者把关于哲学的定义作为他本人的、并非无足轻重的贡献,而下这个定义时所用的词语,和许多年以前的豪森[①]所说的话,实际上是一样的。[②] 我让读者自己去判断,"知识界对某一问题的解释"这句话是否表示:"在一个先验的直觉中,一个特定概念的表述"的意思,虽然这种哲学与数学有明显的根本区别。我深信豪森本人会拒绝接受别人对他的话所作的这种解释。的确,一个先验的直觉(空间就是这样一种直觉)的可能性(如沃尔夫[③]所说),不能和那些在经验直观中,由于对象外表彼此不同而产生的多样性相提并论。所有这一切,将会使他感到震惊,当他一想到去思考这样的问题时,他就会陷入一个非常广泛的哲学探究之中。所谓"表述,(可以这样说)就是由理解来完成的"。这位聪明的数学家说的这句话,其简单意思就是:(在经验中),按照某一概念画一条线时,我们要注意的仅仅是画线的规则(线条是通过这种规则分析出来的),而不去考虑和撇开那些在画一条完整无缺的线条时不可避免会出现的偏差。他的意思很容易被理解,如果我们联想到在几何学中,按同样规则画出来的形体的结构,它们便会被认为彼此都是相同的。

---

① 豪森(C. A. Hausen,1693—1745),莱比锡大学数学教授。在其《数学原理》(1743)的第一部分第 86 页中写道:"此外,在这里要注意的不是真实的结构,因为可以感觉的形体不可能因为有了一条定义就会精确;再说,那种寻求是什么东西产生这个形体形式的知识,可以说是一种智力的表现。"——J. 拉迪注

② 德文版有一段拉丁文注释和德文译文如下:"此外,这里并不追求真实的表达,因为感觉的形象不能按照严格的定义构成,而是在探索一种认识,借以产生那种等于用理智表述的形象。"(C. A. 豪森:《数学原理》1743 年版第一部分第 86 页。)——译者

③ 见沃尔夫(Christion Wolff,1674—1754)著:《本体论》第 588 节。——J. 拉迪注

从批判的哲学观点看，最没有意义的是这种哲学的仿效者所制造的灾难，他们不恰当地使用《纯粹理性批判》中的专门词句。这本书使用的词句是极不容易用其他通行的词句代替的，可是，不应该在这种哲学内容之外，在公众场合中使用这些词句来交流意见。这种灾难确实应该得到纠正。如同尼古拉先生[①]所做的那样，虽然他避免声明："这些词句的含义，甚至在它们合适的领域内也可以完全不用"，好像到处使用这些词句，就可以以此来掩盖思想上的贫乏。当然，一个不知名的学究比一个没有批判能力、知识不多的人更加令人觉得可笑。（事实上，一个数学家，如果坚持他自己的体系而不转向批判的体系，就会成为后一种人，虽然他有意不去注意那些他不能容忍的理由，因为它们不是他的旧学说的一部分。）但是，像沙夫茨伯里（Shaftesbury，1671—1713）所说，假如一块专门用来检验一种理论（特别是一种首先涉及到实践的理论）真假的试金石（它是不应被忽视的），它之所以被保存下来是为了让人嘲笑，那么，批判哲学家也会轮到有这么一天，但他将是最后笑的人，而且笑得最好。到那时，他将看见人们长期加以夸大的那些体系，像纸牌搭的房子样，一个接一个倒塌了——这些体系的信徒们将会发现他们误入歧途，这是等待着它们的不可避免的命运。

在这本书的最后部分，我已经写的几节，与前面的比较起来，可能不像人们希望的那么详细。这样写的原因，一部分是由于我认为它们似乎是比较易于从前面的论述中推断出来的问题，另外，

① C. F. 尼古拉（Nicolai，1733—1811），是德国的一位作家和书商，属于自称为"大众哲学家"那伙的成员。他疯狂地反对康德、歌德等人的观点。他故意引用康德的词句来挖苦康德。——J. 拉迪注

后面这部分的主题(涉及公法)现在正为人们热烈讨论,它又那么重要,所以有充分的理由推迟对它们作任何带结论性的表态。

我希望《善德的哲学原理》将能很快地写出来。[①]

① 1797年第二版中删去了这一句。《道德形而上学》下卷也在1797年出版。——J.拉迪注

道德形而上学总导言

一、人类心灵能力与道德法则的关系

人类心灵中活跃的能力(作为愿望的最广义的能力)是一个人具有的,通过他的心理表述出来的能够把外界对象的根据[①]和这些表述取得一致的能力。一个人能够按照自己的表述去行动的能力,就构成这个人的生命。

首先,我们观察到,渴望或厌恶通常都与快乐或痛苦相联系,对快乐或痛苦的感受称为感触。可是,反过来却并不总是如此,因为可能有一种快乐和一个渴望的对象并无关系,而仅仅与一种心理的表述有关,不管是否存在和这种表述相应的对象。其次,与渴望对象有联系的快乐或痛苦,并不都是发生在愿望的活动之前;也不能在任何情况下都把它看成根据,它也许不过是这种渴望活动的结果。那种对一种心理表述感受到快乐或痛苦的能力,叫做"感触",因为快乐或痛苦仅仅包括在我们心理活动的诸关系中主观的东西。这些关系不包括任何对一个可能提供知识对象本身的关系,它们甚至不能对我们自己的心理状态给以任何知识。因为,甚至诸感觉[②],

① "根据",指哲学意义上的,就是一事物存在的根据或原因。——译者

② 感觉力,作为感觉的能力,可以根据我们表述的主观性质,一般地给它下个定义。它是一种理解力,首先,它指的是对一个对象的主观表述的能力。只有这种能力,可以运用这些表述手段去思考任何对象。那么,我们表述的主观性质,可能是这样一个内容,即这些表述能够和客观对象发生联系,从而提供有关对象的知识;或者是有关它们形式的知识;或者有关它们内容(质料)的知识。通过纯粹理解力(或直觉)获得前者的知识;通过恰当的感觉获得后者的知识,在此情况下,"感觉能力"(作为有接受客观表述的能力)可以恰当地称之为"感觉的理解力"。但是,仅仅从心理表述的(接下页)

且不考虑感知者赋予它们的种种修改过的性质(例如,对红和甜这一类性质等等),都是指构成有关对象的认识的因素,尽管快乐或痛苦的感觉与甜或红有关,但与该客观对象本身所表达的内容根本无关,而仅仅与感知者有关而已。根据上述道理,从快乐和感觉本身来考虑,不能获得更为准确的解释。对快乐与痛苦进一步所能做的所有的事情,仅仅是指出在某些关系中,它们可能具有的结果,以便在实践中可以获得对它们的认识。

当那种被渴望的对象的表述影响到感触能力时,那种必须与渴望活动发生联系的快乐,可以称为实践的快乐,无论这种快乐是此渴望的原因还是结果,对这个名称都适用。另一方面,如果某种快乐并不是必然地与渴望的一个对象相联系,那么,这就不是一种由于该对象的存在而产生的快乐,而仅仅是附加在心理表述中的一个单独的东西。这种快乐可称为"不活跃的满足"或仅仅是冥想的快乐。后一类快乐和感触就称为情趣。因此,在实践哲学体系中,冥想情趣的快乐,不作为一个基本的构成概念加以讨论,而只是偶然地或附带地提到它。至于实践的快乐,则是另一种情况。因为由渴望的或本能欲望的能力活动,其所作出的决定,必须先有此种快乐作为它的根据,正是这种决定恰当地构成严格意义上的渴望一词。此外,习以为常的渴望,构成爱好;当根据理解来判断,

(接上页)主观性质看,事实上不能变成客观的知识,因为它仅包括思维的主体与这些表述的关系,而不包括任何可以用来获得一个对象知识的东西。在此情况下,心灵对这种主观表述的接受能力,叫做感触。这种接受能力,包括这种表述对主体所产生的后果,不论对此主体是感觉方面的或者是心智上的,它属于感觉力,虽然表述本身可以属于理解的或理性的。——康德原注

即依照普通规则来判断快乐与渴望活动的联系至少对个人是有效时，那么，这种联系就称为兴趣。因此，在这种情况下，实践的快乐就是个人爱好的一种兴趣。反之，如果这种快乐只能产生于渴望能力的决定之后，它就是一种精神的快乐，而对这个对象的兴趣，必须称之为理性的兴趣。假如兴趣是感官方面的，并不仅仅建立在纯粹理性原则的基础之上，那么，感觉就必然与快乐相结合，从而可能决定渴望的活动。在必然假定有一种完全属于纯粹理性的兴趣的地方，偷偷摸摸地引进一种爱好方面的兴趣，这是不正常的。但是，为了维持术语的普遍性，我们可以允许使用"爱好"一词来表达那个即使仅仅属于"精神"上的快乐的对象之爱好，这指的是产生于纯粹理性兴趣的一种习以为常的渴望。然而，这样的爱好不应该被看作是理性兴趣的根据，而应把它看作是理性兴趣的结果，我们可以称它为非感性的或理性的爱好。此外，要把欲念和渴望自身的活动区分开，要把欲念作为决定渴望和活动的一种刺激或激励。欲念经常处于一种敏感的心理状态，这种状态本身还没有明确到使愿望的力量变成行动。

渴望能力的活动，可以从概念开始。由于那种决定渴望去行动的原则，是基于人的内心，而不是基于那渴望的对象，根据喜爱，渴望能力的活动便构成行动或不行动的力量。如果这种活动兼有追求那渴望对象的行动力量的意识，它便构成一种选择的行动；如果这种意识不与选择行动发生联系，那么，这种意识活动就称为愿望。由于渴望作出决定（作为渴望的喜爱或偏爱的依据）的内在原则存在于主体的理性中，这种渴望的能力便构成意志。因此，这种意志就是活跃的渴望或欲望的能力，因为，这种意志，与其说它和选择行动有关，倒不如说它和那决定选择行动力量的原则有关。这种意志自身，当然没有什么特殊的作决定的原则，但是，就它可以决定自愿选择的行动而言，它就是实践理性自身。

一般说来，在这种意志下，可包括有意的选择行为，也可包括单纯愿望的行动，这是就理性在它的活动中可以决定渴望的能力而言。那种可以由纯粹理性决定的选择行为，构成了自由意志的行为。那种仅仅由感官冲动或刺激之类的爱好所决定的行为，可以说是非理性的兽性的选择。可是，人类的选择行为，作为人类，事实上是受这些冲动或刺激的影响，但不是由它们来决定的。因此，如果这种选择行为与理性决定的既成习惯无关，那么，它本身便不是纯粹理性决定的，但是，它可以因纯粹意志的决定而采取行动。有意选择行为的自由，在于它不受感官冲动或刺激的决定。这就形成自由意志的消极方面的概念。自由的积极方面的概念，则来自这样的事实：这种意志是纯粹理性实现自己的能力。但是，这只有当各种行为的准则服从一个能够付诸实现的普遍法则的条件下才有可能，如果把纯粹理性运用到选择行为，而又撇开其选择对象来加以考虑的话，纯粹理性可以视为原则的能力[①]，就此而论，它是实践原则的渊源。因此，可以把纯粹理性看成是一种制定法规的能力。但是，由于它缺乏构成法规的质料，所以它只能成为意志行为准则的形式；如果就它作为一个普遍法则来说，它又是最高法则和意志去作决定的原则[②]。由于这些人类行为的准则或规

① 指发现与坚持原则的才能。——译者

② 这两句中的“法规”、“法则”，在英译本中均为“law”，似无分别但又不得不加分别。——译者

则来源于主观诸原因，它们自身并非必然地与客观和普遍的原因相一致，因而理性只能规定出这种最高法则，作为禁止做的或必须做的绝对命令。

有别于自然法则的自由法则，是道德的法则。就这些自由法则仅仅涉及外在的行为和这些行为的合法性而论，它们被称为法律的法则。可是，如果它们作为法则，还要求它们本身成为决定我们行为的原则，那么，它们又称为伦理的法则。如果一种行为与法律的法则一致就是它的合法性；如果一种行为与伦理的法则一致就是它的道德性。前一种法则所说的自由，仅仅是外在实践的自由；后一种法则所说的自由，指的却是内在的自由，它和意志活动的外部运用一样，都是为理性的法则所决定的。因此，在理论性的哲学中，据说只有外在感官的对象存在于空间之中，可是，一切内在的和外在的两种感觉的对象，均存在于时间之中；因为两者的表述，都作为表述，在这一点上便同属于内在的感觉。同样地，不论是从外在的或内在的意志行为来观察自由，它的诸法则（一般说来，它们作为纯粹实践的理性法则，用以决定意志的自由活动），必须同时是意志作出决定的内在的原则，虽然这些法则可能不会总是按照这种关系来考虑的。

二、一种道德形而上学的理论[①]和必然性

在《自然科学的形而上学原则》(1716)一书中,我已经说明,必须探究外在可感觉对象的自然科学,一定有一些先验的原则,该书还说,有可能并有必要把这些原则整理成一个体系,称之为"形而上学的自然科学",并作为自然科学的经验,叫做物理学的一个开端;这种物理学被应用到经验里的具体对象中。可是,后一种科学,如果它小心地做到它的概括不出现谬误的话,便可以接受许多命题作为经验中已得到证明的普遍命题,虽然"普遍"一词如按其狭义去理解,这些命题必须由形而上学的科学从先验原则中引申出来。所以,牛顿接受了为经验所证实的作用与反作用的平衡原理,而且把这个原理推演成一条关于整个物质世界的普遍法则。化学家走得更远,他们把他们关于物质分子的化合和分解的最普遍的法则,完全建立在实验上。可是,他们深信那些法则的普遍性和必然性,以致他们不去担心建立在实验上的这些命题会被发现有任何谬误,而这些实验又受这些命题所引导。

可是,道德法则却与自然法则不同。道德法则作为有效的法则,仅仅在于它们能够合乎理性地建立在先验的原则之上并被理解为必然的。事实上,对于我们自己和我们行动的概念和判断,如果它们的内容仅仅是那些我们可以从经验中学得到的东西,那就

① 原文为"Idea",可以译为"思想",但就这一节的内容来看,所讲的都是理论问题,比思想更深一层,所以译为"理论"。——译者

没有道德的含义了；如果说，有人错误地想通过经验所得出的任何东西来制定道德原则的话，他就已经陷入最糟糕，最致命的错误的危险之中了。

如果道德哲学仅仅是一种有关快乐的理论，那么，要为它寻求先验原则的基础就纯属荒谬了。因为，无论用什么花言巧语都可以有理地宣称，理性（甚至说它优先于经验）能够通过使我们可以延长生活中真实快乐的享乐手段去理解它，那么，这个先验的学科的一切教导，如果不是同义词的反复，就是毫无根据的假定。因为只有经验才能告诉我们，什么东西会给我们带来快乐。由于自然冲动导向食物、性本能、休息或活动的意念，以及一些较高的愿望，如荣誉、知识的获得等等（它们都是随着我们的自然能力的发展而发展的），所以，这些自然冲动仅是一种能力，表明在什么地方可以找到那些快乐的能力。此外，获得的知识，对每一个人来说仅能通过他自己的办法去获得，这就是说，他能够学到一些手段，并且他一定要通过这种手段去寻求那些快乐。就此而论，一切似是而非的先验的合理化，归根到底无非是通过归纳法，把经验中的事实加以概括而已。由此而得到的一般性仍然是非常有限的，以致对每个人必须允许有数不清的例外，为的是，他可以按照他特殊的爱好和获得快乐的能力，去选择他的生活方式。最后，个人确实必须变得精明伶俐，而以他本人或邻居的遭难为代价。

道德原则却完全不是这么一回事：它们给每个人颁下命令，而不考虑他特殊的爱好，仅仅因为他是自由的并且有实践的理性。道德法则的训令，并不是以某人自身的观察中或从我们动物本性的观察中得来，也不是来自这个世界什么事情会发生或者人们如何行动这类经历的概念。[①] 但是，理性命令我们应当如何行动，尽管找不到这类行动的榜样，而且，理性也绝不考虑这样行动可能给我们得到什么好处，这种好处事实上只有经验才能真正告诉我们。因为，虽然理性允许我们可以用任何可能的办法，去追求对我们有利的东西，而且，根据经验证明，理性一般说来，甚至可以允许服从它的命令的人比违反它的命令的人得到较大的好处，特别是那些经过深思熟虑的行为更是如此。可是尽管这样，作为命令的理性戒律，其权威并不依赖于这样的考虑。当理性在实践判断上，事先要调整某种不公平的对比使之均衡时，便根据纯粹实践理性的先验原则的正当力量，为了保证这种判断的决定，理性只是把这些考虑作为劝诫来使用，并作为一种抵抗力去防止相反因素的诱惑。

形而上学论证，任何先验的知识体系都包含着一些纯粹的概念。因此，实践哲学——不是把性格，而是把具有意志的自由作为它的对象——必须事先假定并需要道德形而上学。它甚至要求具有这样的形而上学作为一种义务，确实，每一个人在他的心中都具有这种形而上学，只是一般说来，他对此是模糊不自觉的。因为如果没有先验的原则，一个人怎么能够相信在他自身中有一种普遍法则的源泉？正如在自然科学的形而上学中必须有一些原则，规定如何把自然的普遍的最高原则运用到经验中的对象上，所以，在道德形而上学中亦必定有这类原则。我们将不得不经常客观地去讨论，某人的只有从经验中才能认识的特殊性格，为的是表明在这

① 德文中的“道德，Sitten”，与拉丁语中“Mores”的意思是一样的，仅指生活态度和生活方式。——康德原注

个性格中，那些东西是普遍道德原则影响的结果。可是，在具体运用这些原则的过程中，采取这种对待这些原则的方式，决不至于损害它们合理的纯洁性，或者对它们先验的根源产生怀疑。这等于说，道德形而上学不能像关于人的经验科学那样，建立在人类学之上，但却可以应用到人类学中去。

与道德形而上学对立的部分，又属实践哲学的另一个分支，应该是道德人类学，作为研究人类道德性质的经验科学。这门科学只应该包括主观的条件。这些主观条件在实践中，加上运用宣传、扩大影响以及加强道德原则（例如通过对青年的教育以及对人民的教导）的手段和利用所有其他建立在经验之上的并与主观条件不可分离的学说与戒律，对那些存在于人性中的普遍道德法则的实现，起到阻碍或促进的作用。然而这些主观条件既不能摆在理性原则的形而上学研究之前，也不要和这种研究相混淆。因为这样做十分危险，可能得出虚假的法则，至少也是一些有很大伸缩性的道德法则；而这样做还将会提出一个不可能达到的、不为人所喜爱的法则，那是由于这个法则尚未为人所理解，尚未表现出它的纯洁性（这个法则的力量正包含在它的纯洁性中）。或者相反，伪造的和混合的动机也许会被用来替代那种本身合乎义务和良好的东西。上述动机，无论对判断的指导，或者在义务的实践中，对心灵的约束都不能提供可靠的道德原则。所以只有通过纯粹理性，义务才能够得到必要的规定。

高一级的哲学上的划分（其划分的根据就如上面所述）是理论哲学和实践哲学。实践哲学正是广义的道德哲学（对此，我已在别的地方加以说明了)。[1] 根据自然法则,一切可以实践的并且有可能做到的都是技艺活动的专门学科,它的戒律和规则完全依赖自然的理论。只有那些依据自由法则可以实现的行为,才能具有独立于理论之外的原则,因为任何超越自然所决定的东西,都不存在理论。因此,哲学不能在实践的这一分支中,包含一种技艺性的理论,而只能有一种道德实践的学说。但是,如果与自由法则一致行动却与自然相反的意志的机敏,也可以称之为是一种技艺,那就必定表明有一种技艺,可以使一个自由的体系像自然的体系一样成为可以实现的体系。如果我们能够利用这种技艺完整地认识理性对我们规定的是什么,并把这个意念加以实践,那么,这种技艺将会事实上成为神的技艺。

三、道德形而上学的分类[2]

一切立法,不论是涉及内在的或外在的行为,也不论它来自纯粹理性的先验的命令,或者是由于别人意志的规定,都涉及两个因素:第一是法则,它表示该行为出于客观上的必然性,是应该发生

① 指《判断力的批判》(1790)。——译者

② 一个体系分类(划分)的演绎,即既证明分类的完整性,又证明持续稳定性,也就是说,在一系列小的分类中,要不经飞跃,从被分出来的概念过渡到成为分类的一个环节(一项),这种过渡对于一个体系的建筑师来说是最难完成的条件之一,什么是划分权利(公正)或非权利(不公正)的最高的被分出的概念,也有令人疑虑之处。这是自由的意志选择的行动。正如本体论的教师们从"一些"和"无"开始,直至最高,却没有认识到,这已经就是一种分类的若干环节(项),不过对此仍缺乏被分出来的概念,被分出来的概念无非是一个一般对象的概念。——康德原注

的，因而把这种行为变成义务；第二是动机，它把意志对上述行为作出决定的原则，以及内心对上述法则的表述，主观地联系起来，因此，这个法则使得义务成为该行为的动机。通过第一个因素，该行为依照实践法则，与决定意志活动的可能性的单纯理论认识相一致，该行为便体现为一种义务。通过第二个因素，要按此行动的责任，便与意志本身作出决定的原则在主体中联系起来了。因此，一切立法都可以根据它的"动机原则"[①]加以区分。那种使得一种行为成为义务，而这种义务同时又是动机的立法便是伦理的立法；如果这种立法在其法规中没有包括动机的原则，因而容许另一种动机，但不是义务自身的观念，这种立法便是法律的立法。至于后一种立法(很明显，动机与义务的观念有区别)，在作出有意识的活动的决定时，它们必定受到爱好或厌恶的主观方面(病理学)的影响，特别是对来自厌恶的影响，因此这一种立法必须是强制性的，也就是不单纯地是诱导的或劝导的模式。一种行为与法律一致或不一致而不考虑它的动机，就是该行为的合法性；如果一种行为的义务观念产生于法规，而同时又构成该行为的动机，这种行为的特性就是该行为的道德性。

义务，特别是根据法律立法确定的义务，只能是外在的义务。因为这类立法的方式，不要求义务(它是内在的)的观念，就是那决定意志行动的原则自身，如果这种立法的模式要求有一种动机符合于它的法律性质的动机，那么这种动机只能与此法则的外在的

① 这种分类的理由是适用的，尽管那种成为义务的行为，可能与另一种行为(从另一个角度看来，这种行为可能是另一种样子)恰好一致。例如，行为在任何情况下，都可以按照它们外在的条件加以分类。——康德原注

东西发生关系。伦理的立法则相反，它使得内在的行为也成为义务，但是它并不排除外在的东西，因为它拥有一切属于义务性质的东西。正是由于伦理立法在它的法则中包含行为的内在动机，犹如该行为的内在动机被包含在义务的观念之中，这样，伦理的立法含有一种根本无法归入外在立法的特性。因此，伦理立法自身不可能是上述外在的立法，它甚至也不是从神的意志中产生，虽然它可以容纳那些依靠外在立法而存在的义务作为它的义务，并在它自己的立法中把这些义务放在动机的位置上。

根据以上所述，显然，所有义务仅仅因为它们是义务，都属于伦理的范围；可是，基于义务所产生的立法，却不能根据这种解释，认为在一切情况下，它都包括在伦理之中，相反，有许多这样的法规存在于伦理之外。因此，伦理命令我必须履行由契约规定的诺言，虽然缔约的另一方不见得能够强迫我这样做。伦理学从法理学或权利的科学中，采纳那些适合于它的法则和义务，伦理的许多命令正是通过这种办法建立起来的。因此，守约的原则，不是存在于伦理之中，而是存在于法理学中，即"被制定和被接受的诺言必须要遵守"。据此，伦理特别教导我们，即使不理会外在强制的动机原则（这种强制体现了法律立法与义务的联系），那么，单是义务的观念自身就足够作为动机了。因为，假如不是这样，假如立法本身不是法律，那么，由此而产生的义务就不会专门地是一种权利的义务（有别于道德的义务），而人们在履行义务中所表现出来的忠诚（这些行为可能是人们受到契约条款的约束才这样做的），便会把行为分成慈善的行为和加于他们的责任的行为，这类分类不可能是正确的。遵守诺言，并不必然地是一种道德的义务，而是一种权利的义务，履行这种义务可能是出于外在的强制力。但是，遵守诺言，即使不使用任何强制力来强迫遵守它，它同时是一种合乎道德的行为，并且是道德的证明。因而，法理学，作为权利的科学，以及伦理学，作为道德的科学，其间的区别并不太着重于它们的不同义务，而更多的是它们的立法不同。不同的立法所产生的不同的法规便与这一类或那一类的动机发生联系。

伦理的立法就是那些不可能是外在的立法，虽然它所规定的义务可以是外在的和内在的。法律的立法也可能是外在的立法，因此，遵守契约规定的诺言是一种外在的义务。但是，那种指令人们按它去做的原因，仅仅因为这是一项义务，并不考虑任何其他动机，这种指令便完全属于内在的立法。为此，一种责任，如果它是一类特殊义务，或者一类对我们行为方式的特殊的约束(它在伦理上和在法理学中，都是一种外在的义务)，这种责任便不属于伦理的范围。但是，如果遇到这种情况，即一种内在的立法不能有一位外在的立法者，那么这样的责任便称作属于伦理的；出于同样的理由，慈善性的义务，虽然它们(作为外在行为的责任)都是外在的义务，都算作属于伦理性质的，因为它们只能通过内在的立法责成于人。伦理有它自身的不容置疑的特殊义务——例如怎样对待自己——但是，伦理仍然有一些与法理学共同具有的义务，只是不采纳共同负责的方式而已。简言之，伦理立法的特殊性，就是它责成人们去履行此行为时，仅仅因为它们是义务，并且把义务自身的原则——不管它的原因或理由是什么——作为意志活动的唯一充分的动机。可见，有许多伦理义务，它们直接地就是动机；内在立法也使得其余的义务全部间接地成为伦理的义务。①

一个体系的各个分支的演绎，正是对此体系的完整性和连续性的保证。因此，可能存在一种逻辑的过渡，即从一般的划分概念到各个分支的组成部分，并在整个体系和层次中，从头到尾都没有任何安排上的中断或不连贯性。这样一种划分工作是建立一个体系最困难的条件之一。至于什么是最高的概念，即首先划分正确与错误，甚至还存在一定的疑问。但是，绝不怀疑一般地存在自由意志活动的概念。同样，本体论的解释者是从某物和无物开始的。它们没有考虑到“某物”和“无物”是已经存在的划分好了的各部分，而要做到这一步之前，尚缺乏一个最高的划分事物的概念，最高的划分概念只能是对物的一般的划分。

四、一般基本概念的定义和解释

自由的概念是一个纯粹理性的概念。因此，对于理论哲学来说自由是超验的。因为这一概念在任何可能存在的经验中，都无法找到或不能提供相应的事例，结果，自由不能被描述成为(对我们是可能存在的)任何理论认识的一个对象。它在任何方面都不是构成性的概念，而仅仅是一种调节性的概念，它可以被思辨的理性所接受。但是，最多只能作为是一种纯消极的原则。可是，在理性的实践方面，自由的现实性也许可以被某些实践原则所证明。这些实践诸原则，作为法则，在决定意志——独立于一切经验的和

① 德文版第三节到此为止，缺以下的一大段。——译者

可感知的条件——活动的过程中，证明都是纯粹理性的一种诱因。这样一来，在我们自身中有一种纯粹意志（作为一切道德概念和法律渊源）的事实就被证实了。

在实践的关系中，建立了基于自由的积极概念上的无条件的实践法则，它们专门构成道德法则。由于我们是人类，具有一种受到感觉官能影响的意志活动，结果，这种意志的活动可能与纯粹意志不一致，甚至经常与它冲突，这些法则表现为强制的命令或禁止我们做某些行为，因此，这类法则是绝对的或无条件的命令。这种绝对的或无条件的特性使它们有别于技术性的命令——它们表达技艺性的规定，而且始终是有条件地下达命令。根据这些绝对命令，一些行为允许做的或不允许做的，都是决定于它在道德上是可以做的或不可以做的。这些行为中有的行为，或者与它们对立的那些行为，都是道德上必需的或强制性的。因此，关于这样的行为就出现了义务的概念，谁遵守或违犯义务，就会随之带来特殊的、被称为道德感情上的快乐或痛苦。可是，当我们考虑理性的实践法则时，却不把道德感觉或感情计算在内，因为它们并不是构成理性的实践法则的基础或原则，它们仅仅是一种主观的反应，那是当我们有意识的活动决定于这些法则的时候，产生于心灵中的反应。如果从理性去判断，虽然，这些道德感情既不能增加，也不能减少道德法则的客观效力和影响，但是，这样的感觉可能根据不同的人的体会而有所不同。

下面一些概念对于道德形而上学的两大分支（法理学和伦理学）都是共同的。

责任是自由行为的必要性，这是从自由行为与理性的绝对命令有联系的角度来看的。一项绝对命令就是一项实践规则。根据这个规则，一种行为便成为必要的，否则，这种行为自身只是偶然的。绝对命令不同于实践法则（虽然实践法则同样表示该行为是必要的），当绝对命令涉及行为者的品质时（例如一个圣洁的人），却不考虑这种行为对他说来是不是内在地必要的，还是出于偶然的（例如我们所见到的一个普通的人），因为，凡是坚持有利是首要条件的地方，事实上不存在绝对命令。因此，一项绝对命令就是一项规则，它不仅指出而且使得主观上认为是偶然性的行为成为必须做的。还有，绝对命令因此还表示了主体，作为有道德感的人，必须根据这种规则去行动。绝对的或无条件的命令是这样的一种命令：它要求做的行为用不着间接地通过一种目的的概念，要通过这种行为才能达到这个目的；但是，它用它的绝对命令的形式对心灵表示，这种行为在客观上是必要的，便使该行为成为必要的。这样的命令不能通过任何其他实践学科提出来，只是那种说明责任的学科，即只有道德的学科才能做得到。所有其他的命令，都是技术性的，它们全都是有条件的。绝对命令之所以有可能性，是基于这样的事实：它们不是那种可能附带有某种意图的意志的决定，它们仅仅基于意志是自由的。

任何与责任不相矛盾的行为都被允许去做，这种自由，由于不被相反的绝对命令所制约，便构成道德的权利，作为该行为的保证或资格。从这点便可以立刻明白，什么行为是不允许的或不正当的。

义务是对任何这样一点行为的称呼：这类行为能够使任何人都受到一种责任的约束。因此，义务是一切责任的主要内容。义务,从与某一行为有关的角度看来,可能是一回事,但是,我们却可以根据不同的原因受这种义务所约束。

由于绝对命令表明去做某些行为是一种责任,绝对命令便是道德上的实践法则。但是,由于责任在这样一种法则中所表明的,不仅仅包含实践上的必要性,而且还表明确实的强迫性,所以,绝对命令就是法则,或者是命令,或者是禁止;根据要做或不要做一种行为,绝对命令表现为一种义务。如果一种行为既不是命令规定去做的也不是禁止去做的,它便仅仅是允许去做,因为,没有限制自由的法规,对此行为也没有规定任何义务,这样的行为就可以说与道德无关。人们可以问哪儿有这样与道德无关的行为?如果有,是否在戒律性和约束性的法规之外,还需要一种允许性的法规,以便让人们依照自己的意愿,可以在这种情况下自由行动,或者克制自己不去行动。如果事情确是如此,那么,我们所谈论的道德权利,在任何情况下,都不是指那些本身并不重要的行为;因为根据道德法则来考虑那些行为,不需要任何特殊法则来建立这样的权利。

一种行动之被称为一种行为[①](或道德行为),那是由于这种行为服从责任的法则,而且,这行为的主体也被看作当他在行使他的意志时,他有选择的自由。那个当事人(作为行为者或道德行为的行动者)通过这种行为,被看作是该行为效果的制造者。这种效果以及这种行为本身,也许是外加于他的,如果他事前知道该道德

① 康德在此所说的“行为”是指一种“完整的行为”,即他所解释的道德行为。——译者

法则要他承担一种责任的话。

人，是主体，他有能力承担加于他的行为。因此，道德的人格不是别的，它是受道德法则约束的一个有理性的人的自由。道德的人格不同于作为心理上的自由，因为心理上的自由仅是一种能力，通过这种能力，我们可以在不同的情况下，意识到我们自己与我们的存在是一致的。因此，结论是，人最适合于服从他给自己规定的法律——或者是给他单独规定的，或者是给他与别人共同规定的法律。

物，是指那些不可能承担责任主体的东西。它是意志自由活动的对象，它本身没有自由，因而被称之为物。

是或非[①]，一般的含义是指一个行为是否符合于义务或违背义务，不论这个义务的内容或其来源是什么。凡是与义务相违背的行为叫做违犯。

对义务的一种无意违犯，如果要追责他本人，仅能称为过失。一种故意的违犯——指行为者意识到这是一种违犯的行为——则构成犯罪。凡是在法律的含义上与外在法律相符合的事情，称为合乎正义（或公正），凡是在法律的含义上与外在法律不相符合的事情，称为非正义（不公正）。

义务或责任如果彼此冲突，结果便会在它们之间发生这样一种关系：一方完全地或部分地废除另一方。义务和责任都是一些概念，它们表明某些行为在客观实践上的必要性，两种相反的规则不可能在客观上同时是必要的，因为，如果根据一方的规则去行动

① 或译“正确与错误”、“公正与不公正”。——译者

是一种义务，那么，不但没有义务按照相反的一方的规则去行动，而且，这样去做甚至可能违反了义务，因此，义务和责任的冲突完全是不可思议的。不过，对某一个人来说，加给他的责任，根据他自己所了解的一条规则，可能有两个理由，可是，没有任何一个理由可以充分地构成真正的责任；在此情况下，其中之一就不是义务。如果构成责任的两个理由确实是彼此冲突的，那么，实践哲学不认为较强的责任便必然要占上风，而认为那个较强的责任的理由应当保持它的地位。

那些使外在立法成为可能的强制性法律，通常称为外在的法律。那些外在的法律即使没有外在立法，其强制性可以为先验理性所认识的话，都称之为自然法。此外，那些法律，若无真正的外在立法则无强制性时，就叫做实在法。因此，一种包括纯粹自然法[①]的外在立法是可以理解的。可是，在这种情况下，就必须假定先有一条自然法来树立立法者的权威，表明通过他本人的意志行为，他有权(利)使他人服从责任。

使得某种行为成为一种义务的原则，就是实践法则。一行动者依主观的理由，把一规则作为他自己的行动原则，这条规则，就叫做他的(行为)准则。可见，即使实践法则只有一条并保持不变，行动者的诸准则却可以大不相同。

绝对命令，一般仅仅表明什么构成责任。它可以概括为如下公式："依照一个可以同时被承认为普遍法则的准则行事。"因此，

① 德文出版者注，此"纯粹自然法"应为"实在法"。这个注颇重要，否则很难理解这里说的自然法是什么。——译者

行为，必须首先按照它们的主观原则来考虑。但是，这个主观原则是否在客观上也有效，只能通过绝对命令的尺度才能为人们所知道。理性把任何行为的原则或准则加以检验，它要求行为者联系这个原则或准则来想想他自己。理性还同时提出一项普遍法则，并且考虑他的行为是否有足够的资格适合于纳入这样的一项普遍立法之中。

上述普遍法则的单纯性，和那些可以从这条法则引导出来的大量的和多样的后果相比较，再看它的命令所具有的权威和尊严（用不着附加任何明显的动机或约束力），这种单纯性最初出现时肯定要引起人们极大的惊异。我们可能十分奇怪我们的理性力量，它通过一个单纯的意念（使一项准则有资格符合实践法则的普遍性）便能决定意志的活动，特别是当我们被教导：这种实践的道德法则，最初表现为意志的一种特征，即思辨理性，它绝不可能来自先验的原则，或者来自任何经验的东西；即使实践法则已经确定有关事实，但它也绝不能在理论上证明这种事实的可能性。这种实践法则，无论如何，不但发现了意志的特征就是自由这一事实，而且无可辩驳地确立了这一特征。因此，你无需惊异地看到道德法则是不可能示范的，但却是明白无疑的，如同数学的公设那样。与此同时，在我们面前展示了实践知识的全部领域，从这里，理性，在它的理论方面，必然发现它自身以及它的思辨的自由观念，连同所有那些超感觉的观念，一般地都被排除在实践知识之外。

一种行为与义务法则相一致构成此行为的合法性；这种行为的准则与义务法则相一致构成此行为的道德性。因此，准则就是行为的主观原则，个人把它定为自己的一项规划，作为他实际上决意怎样去行动。

另一方面，义务的原则，就是理性绝对地、客观地和普遍地以命令的形式，向个人提出，他应该如何行动。

因此：道德学科的最高原则是："依照一个能够像一项普遍法则那样有效的法则去行动。"凡是不符合这个条件的准则，就是违背道德。

法则一般地被看作是实践理性产生于意志，准则出现于意志在作出选择过程的活动之中。后者对人来说就构成自由意志。如果意志仅仅指一种单纯的法则，那么，这种意志既不能说是自由的，也不能说是不自由的，因为它与行为没有直接的关系，但它为行为的准则提供一种法则，因此，它就是实践理性自身。所以，这种意志作为一种能力，它本身绝对是必然的，它不服从于任何外在的强制。因此，只有在自己有意识的活动过程中，那种选择行为才能被称为自由。

意志行动的自由却不能界说为一种不重要的个人任性的自由，[①]后者是作为一种能作出是否遵循或反对上述法则选择的能力。在那种有意识的活动过程中，如果作为一种现象来看，的确在经验中存在许多选择的事例，于是有一些例子便被界说为自由意志。因为自由第一次通过道德法则而可以被认识的时候，仅仅被认为是在我们自身中一种否定的特性，因为自由并非通过可感知的作出决定的原则，强迫我们去行动这一事实构成的。如果把意

① freedom 与 liberty，在康德和黑格尔二人的术语中都有一定的区分的，他们想的是把前者指依理性而作出正确选择的"自由"，而后者则指任性的"自由"，褒前者，贬后者。——译者

志的行动看作一种本体的真实，并把人看作有一种纯粹理性的智慧，那么，意志的行动根本就不能从理论上加以说明，也不能说它的力量在选择的过程中，如何必定能够按那种可感知的活动去行动，因而也不能说明自由的肯定特性存在于什么地方之内。我们所能看到和理解的，只有下面一些：人，作为属于有感觉生物的一种，却显示出——如同在经验中所表明的——有选择的能力，不但可以作出合乎上述法则的选择，也可以作出违背此法则的选择；人，作为属于智能世界中理性的一生物，他的自由不能由仅仅可以被感知的诸表象加以解释。因为可被感知的现象，不能使一个超感知的对象——如自由意志——成为可以理解的，自由也不能依据下面单纯的事实而被认识：人，作为有理性的主体能够作出与他自己立法理性相违背的选择，虽然经验可以证明这种情况经常发生，尽管我们无法知道这样的事情为何可能如此，因为，承认一项基于经验的命题是一回事，而把这个命题作为理解的原则，并把它作为普遍识别自由意志（有别于任意专断的行动）的标志，则又是一回事。因为，经验的命题并不认为任何个别的特性必然地属于某种概念，但是，在解释的过程中却是这样要求的。自由，就它与内在的理性立法的关系而言，只可以恰当地称之为一种力量而已。上面提到的那种产生背离法则的可能性，正是一种没有能力或者缺乏这种力量的表示。那么，怎么可以用后者（没有能力）来说明前者（有能力）呢？要做到这一点，只有通过一个定义，它可以把自由意志加进实践的概念之中，这种情况存在于经验中，但是，这个定义将是一种混合的定义，并可能在一种错误的思路下去说明这个概念。

一项道德的实践法则是一个命题，它包含着绝对命令（戒律）。那位通过法令来下命令的人是制法者或立法者。他是那种责任——伴随着法令而来的责任的作者，但是，他并不始终是这种法令本身的作者。在后一种情况下，这种法令可能是实在性的、偶然性的、任意的。那种由我们自己的理性先验地、无条件地加于我们的法则，也可以表现为出自最高立法者的意志，结果成为只具有权利而没有义务的意志，它仅仅表示一个法人的意念，他的意志对所有的人来说就是命令，用不着理会他是否是这个意志的作者。

从道德含义上看，责难是一种判断，任何人通过这个判断就宣布他是一种行为的作者，或者是一种行为的自由动机的承担者，这个行为于是被认为是他的道德表现或德行，并且受到法则的约束①。如果这个判断又规定了关于这种道德行为的法律后果，那么，这个判断就是合法的或有效的；否则它便仅仅是一种裁定或宣告而已。一个享有法权的人——单个人或集体——被授权去判定行为是否合法，他就是法官或法庭。

当任何人的行为符合于义务而不是仅仅迫于此法则才去行动时，这种行为就是值得称赞的。那种仅仅严格依据此法则去做的行为，便是守本分。如果完成一种行为比此法则所要求的做得少，其结果就是道德上的缺点或者过错。

对一种应该受谴责的有缺点的行动所承受的法律效果或后果便是惩罚；一项值得称赞的行为的后果就是给予奖赏，前提是被此法则所承诺并构成该行为的动机。一种行为如果符合于“守本分”

① 这里所说的法则，应该是道德法则。——译者

或严格地与“守本分”相一致，那就没有法律上的后果。慈善行为受到的**赞扬**与**法律**无关。

履行一项有责任去做的行为，因而产生好的或坏的后果，这不能归咎于行为者；同样，履行一项值得称赞的行为，如果失败了，亦不能归咎于行为者。一件值得称赞的行为的良好后果，以及一件错误行为的不良后果，倒可以追究于行为者。

对行为者归咎的程度，取决于行为者必须克服的障碍（或困难）的大小。如果在感知方面的自然障碍较大，而涉及义务的道德障碍较小，这个善良的行为，就越应该受到称赞。这个道理从下面的例子里可以看得很分明：例如某人去拯救一个毫不相识的人于巨大灾难之中，并且要求他作出相当大的牺牲；反之也相同，如果感知上的自然障碍小，而基于义务原因的障碍大，这种不良行为就更加应该受到谴责。可见，当事人或行为者的心理状态不同，根据他是怀着强烈的热情去做或者是冷静地、审慎地去做，对该行为的评价便有所不同。

道德形而上学总分类[1]

① 从这里开始，都是按照 W. 黑斯蒂的英译文（“The Science of Right”）译的。——译者

一、一般地作为义务体系的[①]道德形而上学分类

（一）一切义务，或者是权利的义务，即法律上的义务；或者是善德的义务，即伦理上的义务。法律义务是指那些由外在立法机关可能规定的义务；伦理义务是上述立法机关所不可能规定的义务。后者为什么不能作为外部立法机关的对象，那是因为它们牵连到一个目的或者最后的目标，这个目的本身同时包含在这些义务之中，于是，对每个个人来说，对此目的负有义务。但是，任何外部立法，无法使得任何人去接受一种特定的意图，或者，能够决定他去追求某种宗旨，因为这种决定或追求取决于一种内在的条件或者他心灵自身的活动。可是，那些导致这种内心条件的外部行为是可以被控制的，但这并不意味着个人必须把这些外部行为作为自己的一个目的。

人们会问，既然义务和权利是彼此对应而存在的，为什么道德的科学，或道德哲学，通常被称为——特别是西塞罗——义务的科学而不称之为权利的科学？其理由是：我们唯有通过道德命令（它是义务的直接指令）才认识我们自己的自由——由于我们是自由的，才产生一切道德法则和因此而来的一切权利和义务；而权利的概念，作为把责任加于其他人的一种根据，则是后来从这种命令发展而来的。

① 德文版无“作为义务体系的”这几个字。——译者

（二）在义务的学说中，一个人可以并应该根据他的自由能力的性质来表述，而这种性质完全是超感觉的。因此，他将要纯粹根据他作为一种人格的人性（人的本质）来表述；这样表述的人，独立于受身体条件限制的人，有别于同一个、然而受那些身体条件限制的那个人（人的现象）。因此，权利和目的的概念，当涉及义务时，根据这种双重性质，可以提出下面的分类：

道德形而上学的分类（根据义务法则的客观关系）[①]

- Ⅰ. **法律义务**——对本人或对他人
  - （1）**人性的权利**在我们自身的（对待自己的法律义务）
  - （2）**人类的权利**在他人的（对待他人的法律义务）
  - ——（1）（2）：**完全的义务**
- Ⅱ. **伦理义务**——对本人或对他人
  - （3）**人性的目的**在我们自身的（对待自己的伦理义务）
  - （4）**人类的目的**在他人的（对待他人的伦理义务）
  - ——（3）（4）：**不完全的义务**

① 在德文版，此标题为：根据法则与义务的客观关系发展。——译者

二、道德形而上学分类
（根据责任诸关系）[①]

由于主体（他们之间的关系被理解为权利与义务的关系——不论这种关系是否真的存在）容许用彼此间各种法律关系来加以表述，根据这个观点，可以提出另一种分类法：

根据谁提出这个责任，以及谁受此责任约束的主观关系可能作的分类。

（一）对那些既无权利，又无义务的人的法律关系：空缺。

没有这种关系，因为这些人是没有理性的，他们既不能加责任于我们，我们也不受他们提出的责任所约束。

（二）对那些既有权利，又有义务的人的法律关系：有效。

有这样一种关系，因为这是人对人的关系。

（三）对那些只有义务而无权利的人的法律关系：空缺。

没有这种关系，若有这种人必然是没有法律人格的人，如同带上镣铐的奴隶。

（四）对一个只有权利而无义务的人的法律关系（上帝）：空缺。

这种关系仅存于哲学中，因为这样一种存在（上帝）是不能由经验认识的对象。

在上述诸例中只有第二类是一种真正的权利和义务的关系。为什么在第四类找不到这种关系，因为它会构成一种超越经验的

① 德文版无此标题，仅有序数词“二”。——译者

义务，也就是，找不到一个相应的能够承担并提出责任的客观存在的、有能力的主体。所以，根据理论的观点来看，这种关系，在这里仅仅是理想的关系。也就是我们为我们自己设想的、一种思想上的对象。但是，这个对象的概念并不是完全没有内容的。相反，它对我们以及对我们内心的道德准则是一种很有作用的概念，因此，一般说来，它是与实践有关的概念。正是在这种纯属理想的关系中，一切复杂的义务以及对我们说来是行得通的义务才能够成立。

三、道德形而上学分类
（一般地作为义务的体系）

根据这个体系组成的原则和方法

（一）原则
- （1）权利的义务
  - ①私人权利
  - ②公共权利[①]
- （2）善德的义务，等等。还有其他，还包括一切，如果形而上学基本原理的研究，已经彻底地探索出构成那整体的诸普遍原则，这一切不但包括质料，还包括一种科学的道德系统的构建形式。

（二）方法
- （1）教诲式的
- （2）苦行节欲式的

① 康德深受罗马法影响，他所说的私人权利和公共权利又可译为私法和公法。——译者

权利科学导言

一般的定义与分类[①]

一、什么是权利科学？

权利科学所研究的对象是：一切可以由外在立法机关公布的法律的原则。如果有一个这样的立法机关，在实际工作中运用这门科学时，立法就成为一个实在权利和实在法律的体系。精通这个体系知识的人称为法学家或法学顾问。从事实际工作的法学顾问或职业律师就是精通和熟悉实在的外在法律知识的人，他们能够运用这些法律处理生活中可能发生的案件。这种实在权利和实在法律的实际知识，可以看作属于法理学（按这个词的原来含义）的范围。可是，关于权利和法律原则的理论知识，不同于实在法和经验的案件，则属于纯粹的权利科学。[②] 所以权利科学研究的是有关自然权利原则的哲学上的并且是有系统的知识。从事实际工作的法学家或立法者必须从这门科学中推演出全部实在立法的不可改变的原则。

---

① 德文本无此标题。——译者

② 康德把"法理学"和"法哲学"看成是不同层次的法学研究学科，他在这里说的"纯粹的权利科学"，可以理解为"法哲学"或"法的形而上学"。——译者

二、什么是权利？[①]

问一位法学家"什么是权利？"就像问一位逻辑学家一个众所周知的问题"什么是真理？"同样使他感到为难。他的回答很可能是这样，且在回答中极力避免同义语的反复，而仅仅承认这样的事实，即指出某个国家在某个时期的法律认为唯一正确的东西是什么，而不正面解答问者提出来的那个普遍性的问题。对具体的实例指出什么是正确的，这是很容易的，例如指出在一定地方、一定时间的法律是怎样说的[②]或者可能是怎样说的。但是，要决定那些已经制定出来的法律本身是否正确，并规定出可以被接受的普遍标准以判断是非，弄清什么是公正或不公正的，这就非常困难了。所有这些，对一个做实际工作的法学家来说，可能还完全不清楚，直到他暂时摈弃他那来自经验的原则，而在纯粹理性中探索上述判断的根源，以便为实际的实在立法奠定真正的基础。在这种探索中，他的经验性的法律，确实可以给他提供十分有用的指导；但是，纯粹经验性的体系[③]（对理性的原则是无效的）就像费德拉斯童话中那个木头的脑袋那样，尽管外形很像头，但不幸的是缺少脑子。

权利的概念——就权利所涉及的那相应的责任（它是权利的道德概念）来看——(1)首先，它只涉及一个人对另一个人的外在的和实践的关系，因为通过他们的行为这件事实，他们可能间接地

① 这一节也可以理解为"什么是法律？"。——译者

② 德文版为"是曾经怎样说的"。——译者

③ 据德文本，不是"体系"而是"法学理论"——即权利。——译者

或直接地彼此影响。

(2) 其次，权利的概念，并不表示一个人的行为[①]对另一个人的愿望或纯粹要求的关系，不问它是仁慈的行为或者不友好的行为，它只表示他的自由行为与别人行为的自由的关系。

(3) 最后，在这些有意识行为[②]的相互关系中，权利的概念并不考虑意志行动的内容，不考虑任何人可能决定把此内容作为他的目的。换言之，在一个权利问题中不需问人。他为了自己的事情去购买货物时并不去问任何人，是否在这一笔买卖中获得好处的权利，而仅仅考虑这笔交易的形式，考虑彼此意志行为的关系[③]。意志行为或者有意识的选择，它们之所以被考虑，只是在于它们是自由的，并考虑二人中一个人的行为，按一条普遍法则，能否与另一人的自由相协调的问题。

因此，可以理解权利为全部条件，根据这些条件，任何人的有意识的行为，按照一条普遍的自由法则，确实能够和其他人的有意识的行为相协调。[④]

三、权利的普遍原则

"任何一个行为，如果它本身是正确的，或者它依据的准则是正确的，那么，这个行为根据一条普遍法则，能够在行为上和每一

① 这一段中的"行为"，在德文本均为"自由意志"。——译者

② 这一段的"有意识行为"，在德文版均为"自由意志"。——译者

③ 在德文本，其文为"……而是在彼此自由意志的关系中，仅仅考虑形式"。——译者

④ 这里所说的权利的定义，也可以理解为康德关于法律的定义之一。——译者

个人的意志自由同时并存。”[①]

因此，如果我的行为或者我的状况，根据一条普遍法则，能够和其他任何一个人的自由并存，那么，任何人妨碍我完成这个行为，或者妨碍我保持这种状况，他就是侵犯了我[②]，因为根据普遍法则，这种妨碍或阻力不能和自由并存。

由此可以推论出：不能要求，这条概括一切准则的原则本身就是我的准则，也就是说，我把它作为我的行为准则。因为每个人都可以是自由的，尽管他的自由对我的自由完全无关紧要，甚至尽管我心中还想去侵犯他的自由，但我并没有以我的外在行为真去违犯他的自由。然而伦理学（它和法理学不同）加给我的一种责任，是要把权利的实现成为我的行动准则。[③]

因此，权利的普遍法则可以表达为：“外在地要这样去行动：你的意志的自由行使，根据一条普遍法则，能够和所有其他人的自由并存。”这无疑是把责任加于我的一条法则；但仅就这个责任而言，它根本不能期待我，更不是命令我应该用这些条件来限制我的自由。理性只是说，它在这个方面深受它自己的意见所限制，并很可能实际上也受到别的条件所限制；理性把此普遍法则作为一个不能进一步证明的公设而规定下来。由于此公设的用意不是教人以善德，而是去说明权利是什么，那么，权利的法则，正如上面所说

---

① 德文本为：“能够使一个人的意志选择的自由与任何人的自由同时并存，等等。”——译者

② 也可译为“他对我是不公正的”。——译者

③ 德文本为：“依法行事成为我们的准则，这是伦理对我提出的一项要求。”——译者

的，不可以也不应该被解释为行为的动机原则。

四、权利是与资格相结合的或者与强制的权威相结合的

反对任何一种效果的障碍，事实上就是扩大这种效果，而且和这种效果的完成相一致。现在根据普遍法则，凡是妨碍自由的事情都是错误的，任何方式的强制或强迫都是对自由的妨碍或抗拒。因此，如果在某种程度上，行使自由的本身就是自由的妨碍，那么，根据普遍法则，这是错误的；反对这种做法的强迫或强制，则是正确的，因为这是对自由的妨碍的制止，并且与那种根据普遍法则而存在的自由相一致。于是，根据矛盾的逻辑原则，所有的权利都伴随着一种不言而喻的资格或权限，对实际上可能侵犯权利的任何人施加强制。

五、严格的权利也可以表示为这样一种可能性：根据普遍法则，普遍的相互的强制，能够与所有人的自由相协调

这个命题的含义是，权利不能看作是由两个不同的要素组成：根据那条普遍法则而来的责任，以及一种权利，即有一方可以通过他自己的自由选择，可以约束并迫使别人去履行某种行为。可是，这个命题意味着权利的概念，可以看作直接含有普遍的相互强制的可能性，并与所有人的自由相协调。由于一般的权利所涉及的对象仅仅是外在的行为，因此，严格的权利与伦理没有任何牵连，它只考虑行为外在的方面，而不考虑行为的其他动机，因为它是纯

粹的权利，不掺杂任何道德的律令。所以，严格的权利（按照这个词的狭义含义）就是那种仅仅可以被称为完全外在的权利。毫无疑问，这样的权利是建筑在每个人根据这条普遍法则而来的责任的意识上。但是，如果它确是这样的纯粹，它便既不可能也不应该把这种意识作为动机，并通过这个动机去决定意志的自由行动。为此目标，这个命题便建立在一种外在强制的可能性原则之上，这种强制，根据普遍诸法则[①]，可以和每一个人的自由并存。因此，当人们说债权人有权要求债务人偿还他的债务时，这丝毫不是说债权人可以让债务人的心里感觉到那是理性责成他这样做，而是说，债权人能够凭借某种外在强制力迫使任何一个债务人还债。而这种强制，根据一条普遍法则，与所有的人（包括与此债务有关的各方面的人在内）的自由相符合。可见，权利和强制的权限是一回事。

权利的法则，如前面所阐明的那样，是在普遍自由的原则支配下，根据每一个人的自由，必然表示为一种相互的强制。于是，权利的法则，可以说是权力概念的典型结构，也就是根据作用与反作用的平衡的物理法则，对物体自由活动的可能性进行了类比的研究，然后用一种纯粹先验的直觉来说明它。既然在纯粹数学中，我们无法直接从一个单纯的抽象概念推演出这个学科研究对象的种种属性，我们只能够通过有形结构，或者通过此学科概念的描述去发现这些属性，对权利的原则也适用这种办法。这种办法对纯粹

① 康德在前面都说"一条普遍法则"，这里却使用"诸法则"，很可能是笔误。——译者

形式上的权利概念来说，还不算十分重要，可是，对普遍与平等的相互强制的关系，则更为重要，因为相互强制与权利的法则相协调，并且按一般法则加以归纳，这样一来，便使得对权利法则概念的描述成为可能。正如那些在力学中被提出来的概念，都是建立在纯粹数学的形式上的描述（如同在几何学中所提出的那些概念），所以，理性已经同样注意到用先验的直觉描述，并尽量设法令人能够理解权利概念的结构。在几何学的线条中，正确是相对而言的，例如直线，它是相对曲线和对斜线而言的。[①] 在第一种对立中，这里涉及线条的一种内在的特性，即在已知两点间作线，只可能有一条直线或者一条正确的线段。在第二种情况中，如果两条交叉的或相遇的线，它们的位置同样是这样的性质，即只有一条线可以被称为垂直线，此线不能偏向于这一边或那一边，并把空间分割成相等的两部分。经过这样的类比，权利科学的目的在于决定每一个人，取得像数学那样准确的他自己的一份；然而，在善德的伦理学中，却不能企望做到这样，因为它不能不允许一定范围作为例外。但是，不用进入伦理的领域，就存在两种情况，即人所共知的不明确的权利"衡平法"和"紧急避难"[②]，它们要求作出法律的决定，可是，找不到什么人能够对它们作出决定。按它们与权利的关系看，可以说是属于伊壁鸠鲁所指的"天体之间"的问题。我们必须一开始就把它们从权利科学的[③]（这是我们即将讨论的）具体阐述中除去。现在，我们可以考虑采用补充说明的办法附在这个

① 在德文本中直线、曲线和斜线三词有加重符号。——译者

② 从我们所用的德文本看没有这段话："即人所共知的……紧急避难。"——译者

③ 德文本中，在权利科学之前尚有"原本意义上的"形容词。——译者

导言中，这样，它们的那些不确定的条件，就不至于对权利的正确学说的确定原则带来混乱的影响。

六、对那不确定的权利的补充说明[①]

从严格的意义来看，每一项权利都和一种强制的权限相结合。但是，还可以设想其他更广义的权利，它们所具有的强制的权限不能由任何法律来决定。这类真实的或假定的权利有两种：衡平法和紧急避难权。第一种指的是没有强制的权利；第二种则是没有权利的强制。对这种不确定性，没有一个法官能够被派来对它作出判决，可是，它却可以很容易地通过特定的事实：那些令人怀疑的权利案例，为人所知。

（一）衡平法

衡平法，从客观上看来，并不严格地构成一方对另一方提出仁慈的或慈善的道德义务要求的一项理由。但是，谁根据公平的理由坚持要获得任何东西，就等于根据他的权利提出来的要求。在这种情况下，无论如何，尚缺少法官行使职责的必须具备的条件，使他可以决定用什么，或者以什么方式去满足这种要求。例如一个商业公司，它是按相等的利润条件组织起来的，但是有一位合伙人却比其他成员干得多，结果他的损失也多，按照公平原则，他应该向公司要求得到比其他人员获得的相等的利益额要多一点。可是，根据狭义的权利（法律）——假如我们设想法官如何考虑他的

① 德文本无此数词“六”，标题也不同，德文本是“权利科学序言附录：论不确定的权利”。——译者

案件——法官提不出任何确实的材料能确定，根据合同他应该多得多少，作为一宗法律诉讼案来看，这种要求会被驳回。又如一个家仆，说好在干活一年之后可以拿到工资，但是，由于这段时期货币贬值，于是，他所得到的工资不可能和他当初订立合约时的价值相等了，如果他拿到的钱数与契约规定的相同，他不能根据法律来要求补偿由于货币贬值所造成的损失。他只能根据公平的——一位哑女神，她不要求听得到权利——理由提出要求，因为在服务契约上对此没有任何规定，一位法官不能按照含糊不清的或不能确定的条件作出判决。

由此而见，一个公平法庭为了去判决这项有争议的权利，会陷入矛盾。只有在关系到一个法官自己的正当权利的地方，以及在他能够作决定的那些事件中，他才可以或应该听取公平的声音。那么，如果国王的法庭接受恳求，对某人的损失，或者在服务中所受的损害给予补偿，国王的法庭便可以负责这样做，虽然根据严格的狭义的权利（或法理）来看，这种要求将会被拒绝，其托辞是缔约双方（或各方）在履行契约过程中，对偶然发生的损失要承担他们各自的风险。

公平的格言可能是这样："最严格的权利（法律）是最大的错误或不公正。"但是，这种祸害是无法用权利（法律）的形式去消除的，虽然这涉及权利的问题；因为由此产生的不幸，只能提交"良心的法庭"，[①]而任何权利的问题必须向民事法庭提出。[②]

① 德文本在"良心的法庭"下有加重符号，英文本则无。——译者

② 衡平法的原意为公平，所以，在这一节中不能只译为"平衡法"，最后一段中的"权利"，如理解为"法律"则更合逻辑。——译者

（二）紧急避难权

所谓紧急避难权是一种假定的权利或权限，就是当我遇到可能丧失自己生命的危险情况时，去剥夺事实上并未伤害我的另一个人的生命的权利。很明显，从权利学说的观点看，这就必定陷入矛盾。因为，现在的情况并不是有一个不法的侵犯者对我的生命进行不公正的袭击，于是我便先下手剥夺他的生命。因此，这不是一个纯属温和劝告的问题，即既不属于作为善德学说的伦理学的问题，也不属于作为权利学说的法理学的问题，这是允许使用暴力去对付一个没有对我使用任何暴力的人的问题。

显然，不能客观地了解这种权利的推断，即不能根据法律是怎样规定的，而只能根据主观的了解，也就是根据法庭对这个案件在这种情况下会怎样判决。事实上没有任何刑法会对下述的这样一个人处以死刑：当一条船沉没了，他正在为了他的生命而推倒另一个人，使后者从木板上掉入水中，而他自己在木板上免于死亡。因为法律惩罚的威吓不可能比此时此刻害怕丧失生命的危险具有更大的力量。这样一条刑法[①]，在此时完全失去了它所意图达到的效力。因为一个尚未确定的威胁——例如法庭判决死刑——不能超过对那种灾祸的恐惧（例如在上述情况下，肯定会淹死）。但是，这样一种为了自我保存而发生的暴力侵犯行为，不能视为完全不该受到谴责，它只是免于惩罚而已。可是，这种豁免的主观条件，由于奇怪的概念上的混乱，一直被法学家们视为在客观上也是合法的同义词。

① 指侵犯他人致死，则要被处死的刑法。——译者

紧急避难权的格言可以用这样一句话表达："在紧急状态下没有法律。"但是，不能由于紧急避难而把错误的事情变为合法。

很明显，在审断有关"公平"和"紧急避难权"时，牵涉到的不确定是产生于客观条件和主观条件的混淆，当人们从理性或从法律条文这两个不同方面去考虑，在引用权利的原则时，肯定所持的理由就不相同。每一方自以为有充分的理由可以去承认这是对的行为，在（正义的）法庭看来，却可能找不到相同的观点；相反，他认为某种行为本身必定是错误的，却可能得到衡平法庭的承认。产生这种情况的原因是，在这两种情况中，人们所持的权利概念不是一个而且也不具有同样的含义。

权利科学的分类

一、权利的义务(法律的义务)的一般划分

我们要是以一般意义来理解乌尔比安的三个公式的话，那么就可以大概地按他的样子来作划分，只是他自己也没明确地考虑过这种分法，但允许加以发展。下面便是那三个公式：

1.“正直地生活！”法律上的严正或荣誉，在于与别人的关系中维护自己作为一个人的价值。这项义务可以用下面的命题来表示，“不能把你自己仅仅成为供别人使用的手段，对他们说来，你自己同样是一个目的。”这项义务在第二个公式中将被解释为一种责任，它产生于我们自身的人性的权利。

2.“不侵犯任何人”这个公式可以转换成这样的含义，“不侵犯任何人，为了遵守这项义务，必要时停止与别人的一切联系和避免一切社交。”

3.“把各人自己的东西归给他自己”这句话也可以改成另一种说法：“如果侵犯是不可避免的，就和别人一同加入一个社会，在那儿，每个人对他自己所有的东西可以得到保障。”——如果把这个公式简化为“对每个人给以他自己的东西”，那么，这种表达可能是荒唐的，因为我们不能把任何人已经有的东西再“给”他。如果这句话要有什么明确的含义，它只能是这样，“进入这样一个状态吧，

在那儿，每人对他的东西能够得到保证不受他人行为的侵犯”。

上述三个古典公式，同样是法律的义务体系分类的原则，把义务分成：内在的义务；外在的义务；以及那些联合的义务。第三种义务包含第二种义务，而这又是把第一种义务的原则作为小前提推演出来的。

二、权利的一般划分

（一）自然的权利和实在法规定的权利

从科学的理论体系来看，权利的体系分成自然的权利和实在的权利。自然的权利以先验的纯粹理性的原则为根据；实在的或法律的权利是由立法者的意志规定的。

（二）天赋的权利和获得的权利[①]

权利的体系又可以被看作是那种不言而喻的力量，即在道德上与他人交往时，可以作为责任去约束他人的一种力量。这就是，在与他人的关系中，提供一种法律上的行动权限。从这个角度看，这个体系可以分为天赋的权利和获得的权利。天赋的权利是每个人根据自然而享有的权利，它不依赖于经验中的一切法律条例。获得的权利是以上述法律条例为根据的权利。

天赋的权利又可称为“内在地我的和你的”；因为外在的权利必然总是后得的。

① 获得的权利指后天获得的权利。另外，德文本没有（一）（二）这两个小标题。——译者

只有一种天赋的权利，即与生俱来的自由[①]

自由是独立于别人的强制意志，而且根据普遍的法则，它能够和所有人的自由并存，它是每个人由于他的人性而具有的独一无二的、原生的、与生俱来的权利。当然，每个人都享有天赋的平等，这是他不受别人约束的权利，但同时，这种权利并大于人们可以彼此约束的权利。可见，这是每个人生来就有的品质，根据这种品质，通过权利的概念，他应该是他自己的主人。人，有一种公正的品性，自然地作为无可怀疑的权利，因为在他自己依法行事之前，他未曾对任何人作过不公正的事情。此外，每一个人对别人还具有一种天赋的一般行为的权利，所以，他可以对其他人做出那些不侵犯他们权利的事情，或者，不拿走他人的任何东西，除非他们愿意他拿走。例如单纯的思想交流，去叙述任何一件事情或者允许某件事情，不论他是否出于真诚或者毫无诚意，因为这完全看其他人是否会相信或信赖他的话，[②]但是，所有这些权利或权限，已经全部包括在天赋自由的原则之内，而并没有真的和此自由原则有

---

① 德文本无"即与生俱来的自由"这半句话。——译者

② 按习惯，所谓一件不真实的事，就是指讲话的人有意地说谎或去欺骗别人（虽然这可能是出于他的态度轻率），因为这样做会对他人不利，至少，如果有人信以为真地重复这些假说，也会成为他人的笑柄，认为他过于轻信。但是，从法律的角度看，所谓不真实，仅仅指那些直接侵犯他人权利的谎言，例如为一项已经履行过了的契约作虚假的辩解，这样做，为的是剥夺他人的东西。这些概念的特征，如此接近和类似不是没有根据的，例如某人思想的一次简单表达，它总是可以被别人拿来随心所欲地去摆弄，结果是，他的声望受到影响，会被人看成是一个说话不可信赖的人，差一点要当面羞辱他，称他为说谎者。在此情况下，什么是属于法理学，什么是专门属于伦理学，它们的分界线是不容易被划错的。——康德原注

所不同，即使按照较高的权利类型，把这些权利作为划分了的几部分。

把这样的一种权利划分法引用到自然权利的体系（所有这些权利都看成是天赋权利）之内的理由，不是没有意图的。它的目标是，一旦对后天获得的一种权利发生争辩时，以及出现下列两种情况的问题时，或者对有关事实尚有怀疑，或者事实已经确实，但对有关的权利还有争议时，就能够更加有准备地提出论证。因为，提出否认一项责任的一方（他可能负有责任而提出论据来），能够有条不紊地提出他的天赋自由权利，作为在各种关系中详细的专门化的权利，并能公平地在这些关系之上建立各种不同权利的权限。

在天赋权利的关系中，因而在内在的"我的和你的"的关系中，不存在许多权利，仅仅只有一种权利。因此，权利的最高一级划分，即天赋的权利和获得的权利（显然，这是两个内容极不相等的部分），恰当地被放在了本书的序言之中。至于权利科学的次一级的分类，可以详细地参阅外在的"我的和你的"之部分。

三、划分权利科学的顺序

自然权利体系最高一级的分类，不应该（但经常如此）划分为"自然的权利"和"社会的权利"，而应该划分为自然的权利和文明的权利。第一种权利构成私人的权利；第二种为公共权利[①]。因为与"自然状态"相对的是"文明状态"而不是"社会状态"。在自然

① 康德所说的"私人权利"和"公共权利"也相当于"私法"和"公法"。同一英译者在康德的《永久和平》论文集中，就改译为"私法"和"公法"两词。——译者

状态中，很可能有某种社会状态，但是，在那里没有一个用公共法律来维护“我的和你的”“文明”的社会结构。正是这种自然权利，从自然状态的情况看来，特别称之为私人的权利。全部的权利原则，将在私人权利和公共权利这两个次一级的分类中加以说明[①]。

① 德文本无此部分。——译者

权利科学[①]

① 从这一标题开始，德文本排在《一般道德形而上学分类》一节之后。——译者

第一部分

私人权利(私法)[1]

那些不需要向外公布的法律体系

论一般外在的“我的和你的”的原则

第一章　论任何外在物作为自己所有物的方式

1. 从权利上看“我的”的含义[2]

任何东西根据权利是“我的”,或者公正地是我的,由于它和我的关系如此密切,如果任何他人未曾得到我的同意而使用它,他就是对我的损害或侵犯。使用任何东西的主要条件就是对它的占有。

可是,一个外在物是我的,只有当这个外在物事实上不是在我

---

① 一般应译为“私法”。——译者

② 德文本无此小标题。——译者

的占有中，如果别人动用它时，我可以认为这是对我的侵害，至此，这个外在物才是我的。因此，自己占有任何外在物是会自相矛盾的，如果“占有”这个概念不是有两种不同意义的话，即作为感性的占有(可以由感官领悟的占有)和理性的占有(可以由理智来领悟的占有)。同一个事物，对于前者，可以理解为实物的占有；对于后者，则可以理解为对同一对象的纯粹法律的占有。

描述一个作为“外在于我”的对象，可以简单地说它仅仅是“与作为一个主体的我是不同的，并且是有区别的”，或者说，它是“一个在我之外的物，并可以在别的空间或时间中找到它”。以第一种意义而言，占有一词表示理性的占有；以第二种意义来说[①]，它必然指经验中的占有。理性的或者只能用智力理解的占有，如果这种占有是可能的话，那么，这种占有要看作不同于物质上持有或扣押。

2. 实践理性的法律公设

把任何一个属于我的意志选择的外在对象[②]作为我的(财产)是可能的。换言之，这个准则，如果要变成一项法则，便要达到下面的效果，即意志所能选择的对象，其本身在客观上必须是没有一位主人的(作为无主物)，那么，这个准则和权利是矛盾的。

我的意志选择的一个对象，是我的力量范围内我体力上能够使用之物。现在，有些物，假定根据权利是我的，它们便应绝对不

---

① 康德所说的第一种、第二种意义似乎说颠倒了，它们应该指上一段所说的感情的占有和理性的占有。——译者

② 康德在此所指的是，根据人的意志可以把任何一个物变成自己的财产。——译者

在我们的力量之内，或者换一种说法，依照普遍法则，去动用这些物便会是错误的，或者与所有人的自由不一致。按照这个命题，自由本身就会剥夺了意志选择的作用，因为它把可以使用的对象变成完全不可能使用的了。在实际关系中，就是由于把这些对象变成"无主物"而化为乌有，尽管实际使用这些物时，意志的选择，按普通法则和大家的外在自由，在形式上是协调的。现在，纯粹实践理性仅仅规定形式上的法律，作为调整行使自由意志的原则。而且，这是纯粹实践理性撇开该对象的其他特性，只从意志活动的角度来看它的，即仅仅把此物看作是意志活动的一个对象。因此，对于这样的一个对象，实践理性不能绝对禁止使用它，因为这种禁止会导致外在自由与它自身的矛盾。可是，我的自由意志的一个对象，既然它的用途处于我的力量之内，我便在体力上能使它按照我的意志成为对我有某种用途的东西。这种情况有别于把此对象任由我随意支配，这不仅意味着一种能力，而且也是自由意志的特殊活动。但是，如果仅仅要设想某种物作为我意志的一个对象，只要充分意识到我已把它置于我的力量之内就足够了。因此，把在我意志的自由行使范围内的一切对象，看作客观上可能是"我的或你的"，乃是实践理性的一个先验假设。

这个公设可以称为实践理性的一条"允许法则"，而给了我们一种特殊的权限，一种我们不能够一般地从纯粹的权利概念推演出来的权限。这种权限构成对所有其他人强加一项责任的权利，给他们的不是别的规定，而是规定他们不得使用我们自由选择的某些对象，因为我们早已把它们置于我们的占有之内。理性决意使这个允许法则成为有效的原则，而且此法则作为实践理性而确实生效，这条法则通过这个先验的公设，在实践中便扩大了它的运用范围。

3. 占有和所有权[①]

任何人，如果他想坚持有权利把一个物作为他的(财产)，他必须把该物作为一个对象占有它。假如它不是该对象真正的占有者或所有者，那么，当别人未得到他的同意而动用该物时，不算构成对他的侵犯或损害。因为，如果一物对他说来是一件外在物，而且他与该物没有任何权利的关系，那么，如果对该物有什么影响，也不能把他作为主体而影响到他，也不会给他造成任何不公正，除非他与该物有所有权的关系。

4. 外在的"我的和你的"的概念的说明

可以作为我的意志选择的外在的对象只有三种：

(1) 一种具有形体的外在于我的物；

(2) 别人去履行一种特殊行为的自由意志；

(3) 别人与我的关系中，他所处的状态。

它们相当于下列范畴：本体、因果、相互关系。它们根据自由的法则，构成我和外在对象之间的实践上的关系。

A. 我不能把一个有形体的物或一个在空间的对象称为是"我的"，除非我能够断言，我在另一种含义上真正的(非物质的)占有它，虽然我并没有在物质上占有它。因此，我没有权利把一个苹果称为"我的"，如果我仅仅用手拿住它，或者在物质上占有它，除非

① 德文本仅有"3."的号码而无文字小标题。——译者

我有资格说："我占有它，虽然我已经把它从我手中放开，不管把它放在什么地方。"根据同样的理由，不能由于我躺在一块土地上，便有资格说，这是"我的"。只有当我可以离开那儿，并能够正当地坚持说那块土地仍为我所占有时，它才是我的。因为任何人，在前一种经验占有的情况下，都可能突然地从我手中夺走那个苹果，或者把我从我躺着的地方拖走，当然，这样的行为，便在自由的内在的"我的"方面侵犯了我，但并不在外在的"我的"方面侵犯了我，除非我能够坚持说我是占有此对象的，纵然在物质上我并没有握住它。假如我不能做到这一点，那么我既不能把那个苹果，也不能把那块土地称为是我的。

B. 我不能把另一人的意志行为所做的工作称为"我的"，假如我只能说："这种工作在某人作出许诺的同时已经为我占有"，除非我能够坚持说："我占有了别人的意志，以便决定他去做某种特殊行动，虽然做这个行动的时间尚未到来。"在后一种情况下，这个许诺属于那些确实被占有的物的性质，这样的许诺（作为一种积极的责任），我可以把它看作是我的。这种情况的好处在于，我不仅仅已经占有了那个许诺的物（如同前一种的情况），而且，即使在事实上我尚未占有它，它也是我的。因此，我们必须能够在思想上认为自己不依赖于那种经验的（即受到时间条件限制的）占有形式，而仍然能够认为占有此对象。

C. 我不能把妻子、孩子、家仆或其他什么人一般地称为"我的"，仅仅因为他们是我的家庭成员，当前我可以命令他们，或者因为他们受我的管束，并且在我的强力和占有的范围之中。但是我可以称他们为我的，虽然他们可能已经离开了我的管束，因而在经验上我已经并不占有他们,如果我们仍然能够说:“我以我纯粹的意志占有他们,不论他们在什么时间和空间之中,因为,我对他们的占有是纯粹法律的占有。”只有当我能够断定这是一个权利的问题时,他们在事实上才属于我所有的。

5. 外在的“我的和你的”的概念的定义

定义有词语的或真实的。[①] 一个词语定义,就能够充分地把定义的对象和其他对象区别开,并对该物的概念提出一种完整和明确的说明。一个真实的定义要求能够进一步对该定义的概念作出演绎,从而提供关于该对象实在的知识。[②] 外在的“我的”一词的词语定义可以这样表达:“外在的‘我的’(财产)是指在我自身之外的东西,凡是对我随意使用它的任何妨碍,就是伤害我或对我不公正,就像侵犯我的(按普通法则能与他人自由并存的)自由一样。”这个概念的真实的定义,则可以这样表达:“外在的‘我的’(财产)是在我自己之外的东西,因此,谁阻止我去使用它就是一种不公正,我确实把它作为一个对象拥有它,虽然我可能没有占有它。”如果一个对象被认为是我的,我就必须对该外在物具有某种方式的占有;否则,任何人干预这个对象时,不会因此影响我,因而,他不会对我有什么不公正。

这样根据第四节,如果认为公正地存在着一种外在的“我的和你的”,那么,理性的占有必须假定是可能的。经验中的占有仅仅

① 德文本无此句。——译者
② 德文本无此句。——译者

对该对象在可以感觉到的外表方面的现象的占有或持有而已,虽然我占有的那个对象,在这种实际的关系中,并不被看作是现象自身——根据在《纯粹理性批判》中关于"先验的分析"的说明——而把它看作是一自在之物(或物自体)。在《纯粹理性批判》中,理性所关心的是事物性质的理论知识以及理性在这样的知识中能够深入到什么程度。可是在这里,理性必须根据自由法则去处理意志活动的实践方面的决定,不论这个对象是可以通过感官去认识的,或者只能通过纯粹理解力才能成为可以想象的。我们所考虑的权利,如果从理性和意志(根据自由法则而活动)的关系而言,权利是理性的纯粹实践概念。

因此,人们说对这个或那个对象"占有着"权利,这种说法是不大正确的,因为权利本身就是对一个对象的理性的占有,所以,去"占有一种占有"是一句没有意义的话,应该这样说:这个对象,为一种纯粹的法律方式占有了。

6. 纯粹地在法律上占有一个外在对象的概念的演绎(占有的本质)

"一个外在的'我的和你的'如何成为可能呢?"这个问题可以解释为另一个问题:"一个仅仅是法律的或理性的占有如何成为可能的?"第二个问题又可解释为第三个问题:"一个关于权利的综合的命题[①]如何先验地成为可能的?"

---

① 这里的"综合命题",应该理解为先天(先验)综合判断的命题,这是康德的哲学用语,表达只有这种命题才能扩充我们的知识,并且有普遍性和必然性。——译者

权利的一切命题——作为法律上的命题——都是先验的命题,因为它们都是理性的实践法则。但是,在先验的法律命题中,关于经验的占有则是分析的命题,因为它不外乎是说,根据这样的占有概念,通过矛盾的原则会产生什么结果,这就是说,假如我是一物的持有者,以一种物理方式和它联系,若有人未得我同意而干扰它——例如从我手中夺取一个苹果——就影响了和损害了我固有的自由,因此,他的行为的准则是直接和权利的公理矛盾的。因而这个命题表明一种经验中公正地占有的原则,不能超出一个人自身的权利。

另一方面,这个表明占有一个外在于我的物的可能性的命题,经过抽象,即撇开所有经验占有中的时间和空间的条件,因而这个命题越过了这些限制的条件就可以得出"占有的本质"的可能性的假设。另外,这个命题坚持一种哪怕是没有实物上持有的(作为外在的"我的和你的"的概念必不可少的)条件,所以,这个命题便是一种综合的命题。于是,问题变成,理性如何说明这样的命题,当它的范围超出经验的占有的概念时,如何先验地是可能的。

依据这样的理由,以占有一定份额的土地为例,这就是行使私人自由意志的方式,而并非一种横行霸道的行为。这位占有者是根据共同占有地球表面的天赋权利的,并建立在先验地符合允许私人占有土地的普遍意志之上的,否则那些闲置的自在之物,将会变成与原来不同的东西,并且通过一种法则,成为不能占用的对象。于是,第一个占有者通过最先的占有而最早获得这个大地上的某一部分土地。根据权利,他反对任何他人来妨碍他私人使用这块土地,虽然当时仍处于"自然状态",不能运用法律手段来做到这一点，因为在此状态中尚未存在公共的法律。

虽然一小块土地应该被看成是自由的，或者被宣称如此，于是便被所有的人不分彼此公共使用它，但这不能说在没有任何法律行为之前，这块土地在性质上本来就是自由的。因为如果是这样，那么，在这么一块土地上已经可能存在一种物权的关系，其理由是：事实上，任何个别的个人都不得占有它。由于这块土地的公共自由的属性，就可以禁止每一个个别的人去占有它，这种认为土地是共同占有的假定，如果没有契约就不能生效。一块只能通过契约来使它成为公共自由使用的土地，它必须事实上为联合起来的所有的人共同占有，他们彼此禁止或中止任何别人使用它。

这种共同占有土地和土地上所有物的原始社会是一种设想，它具有客观的和实践的、法律的现实性。它和那种虚构的最早的财物共同体社会的设想完全不同，那是一种因为后者必须是以一种社会的形式建立起来的，而且必须产生于一个契约，根据契约，所有的人都放弃私人占有的权利，以致把每个人所占有的财产合而为一，这就转变成为一种共同占有。如果曾发生过这样的事，那么，历史必然会留下某些证据。把这种过程看作占有的原始方式，并且认为每个个人的特殊占有可以而且应该由此而来，这显然是矛盾的。

占有一块土地，不同于仅仅把它作为居留地，那种出于有意地一劳永逸地占有一块土地的行为，也不同于作为开拓新居或作长期居住的土地，这两种情况都属于一种连续的私人占有一块土地，条件是本人在此土地之上。在这里我们不考虑这种户籍的居住权问题，因为这是第二步的法律行为，它可能是随着占有而来的，也许根本不会发生这样的事情。所以,这样的行为与原始的占有无关,它仅仅是第二次的占有,来自他人同意的占有。

简单的物质上的占有或占据土地,已经牵涉到对该物的权利的某种关系,虽然这明显地,还不足使我能把它看作是我的。对别人来说,他们明白,这种简单的物质上的占有,从外表上看是一种先占的占有,和外在自由的法则是协调的;同时,这种占有包含在普遍的原始占有之中,而原始占有先验地包含着私人占有可能性的基本原则。因此,干扰土地的最先占有者或持有者去使用那块土地,是对他的损害或不公正。最先取得占有的人,就因此取得一种权利的资格,这正是原始共同占有的原则。俗话说:“谁占有就归谁所有”,因为谁也没有责任对他的占有作出判决。这句俗话就是自然权利的原则,而此原则确定取得占有的法律行为,也作为每个首先占有者可以依赖的获得的根据。

在《纯粹理性批判》中,我已经说明在先验的理论原则中,必须补充一种先验的直觉观念,使它与任何已知的概念相联系。因此,如果这是一个纯粹的理论原则问题,就可能不得不对占有的概念添加一个(占有)对象,去使这个原则变成真实的。不过,若分析实践原则,其程序恰好与理论的过程相反,所以,必须抽掉或撇开构成经验占有基础的一切感性条件,为的是把法律占有的概念范围扩大到超出经验领域之外,这也是为了可以运用这个公设,即每一个我意志的自由活动的外在对象(我已经把它置于我的强力之内,虽然我没有实际占有它),可以在法律上被认为是属于我的。

这样的一种占有的可能性,即一种非经验性占有概念的自然推论,是建立在实践理性的法律公设之上的。这个公设是:“承认一个外在的和有用的东西可能为某人所占有，或者变成他的财产，在行动上按此原则对待他人是一项法律的义务。”这个公设与下面一个概念的说明有联系，该概念是：那个外在地是某人的东西，不是建立在物质的占有之上。这样一种占有的可能性纵然能被设想，但却不能被证明，或者，凭此概念自身便可以被理解，因为可能性是一种理性的概念，对它不能提供任何经验的感性认识，可是，当这个公设一旦被阐明，它的可能性就会作为一个直接的推论。因为按照这个法律原则行动是必要的，那么，纯粹法律上占有的理性状态或者智力状态，必须同样是可能的。所以，人们用不着惊讶，那些有关外在的“我的和你的”原则的理论，在纯粹智力理解中看不到，而且这种理论也不能扩大认识，因为这些原则所依赖的自由概念，并不承认对纯粹法律上占有的可能性的任何理论推演，自由概念只能从理性的实践法则来推断，作为事实来看，理性的实践法则被称为绝对命令。

7. 外在的“我的和你的”可能性原则在经验对象中的运用

纯粹法律占有的概念不是经验的概念，不依赖空间和时间的条件，它却具有实践的真实性。由于这种概念必须能够被运用到经验的对象中，有关这些概念的认识是独立于空间和时间之外的。通过理性的程序，权利的概念被引进到与这类对象的关系之中，以便构成外在的“我的和你的”的可能性。理性的程序如下：权利的概念，由于它仅仅包含在理性之中，不能直接地应用到经验的对象之中，故无法因此得出一个经验占有的概念，但是，它必须直接被应用到一个可以理解为中间性的,一般的占有概念里。因此,要用另一种概念去取代物质上的持有(作为经验占有的表述),那就是通过心灵可以想象的、撇开一切空间和时间条件的抽象的概念或拥有(having)的思想,只有具备了这样的理解,一个对象才能在我的权力之中并任由我处置。在这种关系中,"外在"一词并不表示它是存在于我所在的地方之外的另外一个地方,不是表示我的决定和接受是在我得到一提供物的那一瞬间之外的另一个时间,它只是表明一个对象不同于我自己,或者是在我之外的事物。现在,实践理性通过它的权利原则,决意这样:我将认识到"我的和你的"被应用到诸对象时,不是根据那些感官的条件,而是撇开这些条件以及由这些条件所表示的占有,因为这些条件令人想到意志活动的一些决定,这些决定都是符合自由法则的。因为,只有一种理智上的概念,才能概括在理性的权利概念之下。所以,我可以说我占有一块土地,虽然我并不是确实站在它上面,而是站在另一块土地上。现在的问题并不考虑对该对象的一种智力上的关系,而是我在实践上把该物置于我的力量之中并任由我处置,这是一种通过上述认识而实现了的并与空间无关的占有概念。它之所以是我的,因为我的意志在决定对它作任何特殊利用的时候,不与外在自由法则相抵触。现在,正是由于撇开了实物上的占有(即我自由意志在感性方面的占有),于是,实践理性决定:根据智力上的概念(它们不是经验的,却先验地包含理性占有的诸条件),理性的占有将被人理解。于是,正是在这种事实中,我们发现了这种理性占有概念有效性的根据,并以此作为普遍有效的立法原则。这种立法被包含和保留在"这个外在的对象是我的"的表述中,因为这样一来，就把一种与此对象有关的责任加给其他所有的人，否则，他们不会受到约束而去使用这个对象。

于是，我享有某种外在于我的东西作为我的（财产），这种模式包含着主体的意志与该对象之间的特殊的法律联系；此模式与该对象在时间上和空间上的经验状态无关，却与理性占有的概念一致。地球上某一块土地并不因为我用身体占据它便外在地是我的，因为这件事仅仅涉及我的外在的自由，因此，这种自由只影响到我自身的占有，这并不是外在于我的物，所以，这只是一种内在的权利。可是，如果我有资格继续占有这一小块土地，那么，即使我离开它到了别的地方去，它仍然是我的，只有在这种情况下，我的外在权利才与这块土地发生联系。如果继续占有那一小块土地的条件是我人身对它的占有，那么就必定得出这样的结论：要么声明把任何外在的东西据为己有是根本不可能的，这与第二节中所说的公设相矛盾；要么为了使这种外在占有成为可能，就要求我必须同时身在两个地方。可是，这等于说，我必须在一个地方而同时又不在那里，这是矛盾的和荒谬的。

这种见解也许可以适用于我已经接受了一项许诺的例子。由于我已经拥有和占有那个已经许诺给我的东西，这种拥有和占有变成建立于外在权利的基础之上①。这种权利并不能由于许诺者曾经说过："此物将是你的"，后来他又说："我现在的意思是，此物将不是你的"而被取消。因为在这种理性的权利关系中，诸条件依然一样，只是许诺者好像作了两次（它们之间没有任何时间上的间

① 德文本无后一句。——译者

断)意志的表白:“这个将是你的”,以及“它将不是你的”,很明显,这是自相矛盾的。

同样,理性的占有还支持对人的法律占有的概念,即把人列入“拥有”的对象,不论他是妻子、孩子或者是仆人。那些涉及一个家庭的权利关系,以及所有家庭成员互相占有的权利关系,都不能由于他们彼此可能在空间上分离而被取消,因为这是通过法律的关系,他们彼此联系着。而外在的“我的和你的”,像前面的例子中那样,完全依赖于纯粹理性占有可能性的假设,而不用附加实体上扣押或持有这个现象。

由于用来阐明这种占有形式的那些命题自相矛盾,理性被迫批判它在法律实践上的作用,特别是关于外在的“我的和你的”概念。因为这些命题引起了一个不可避免的辩证关系,在其中,正命题和反命题都提出同样的要求,要求两个相反的条件都有效。理性因此被迫在它的实践作用与权利的关系中(正如在它的理论作用中)去区别:呈现于感官的可感知的现象的占有,以及理性的并只有通过智力才能设想的占有。

正命题——在这种情况下,正(命题)是:“有可能使某个外在物成为我所有,虽然我并没有占有它。”

反命题——反(命题)是:“不可能使任何外在物成为我的,如果我没有占有它。”

解决命题——解决(命题)是:“两个命题都是真的。”前一个命题,我指的是经验中的占有;后一个命题,通过同样的条件,我理解是一个纯粹理性的占有[①]。

但是，一种理性占有的可能性，以及由此而来的一种外在的"我的和你的"的可能性，不能从直接的观察中去认识，它必须从实践理性中推演出来。在这样的关系中，特别值得注意的是，实践理性在没有直觉的感性知识，甚至在没有要求具有诸如一种先验的要素的情况下，能够通过仅仅排除经验的条件，而扩大它的范围，并为自由法律所证明是有理的，从而能够建立起先验的综合命题。这种理解，在实践方面的证明（在后面将会论及），可以在一种分析的方法中推断出来。

8. 要使外在物成为自己的，只有在法律的状态中或文明的社会中，有了公共立法机关制定的法规才可能

如果我在言或行中声明我的意志是：某种外在的东西是我的，这等于我宣布，任何他人有责任不得动用我对它行使了意志的那个对象。如果我这一方没有这种法律行为，那么，这种强加于人的责任是不会为他人所接受的。可是，还要假定我做出这样行为的同时，还包含着我必须承诺也不侵犯任何别人占有的、外在地属于他人的东西。因为这里所说的责任，产生于规定外在法律关系的普遍法则，因此，我对他人宣布，那外在地是他人的东西，我没有责任不去动用它，除非其他的人都同样地，根据同样的原则，保证不去动用属于我的东西。这种互不侵犯属于别人的东西的保证，并不需要特别的法律条文来使其生效，而是已经包含在一种权利的

---

① 这里所说的"前""后"，好像颠倒了。——译者

外在责任的概念之中,因为这种普遍性以及由此而来的相互间的责任,是从普遍法则产生出来的。一个单方面的意志对一个外在的因而是偶然的占有,不能对所有的人起到强制性法则的作用,因为这可能侵犯了与普遍法则相符合的自由。所以,只有那种公共的、集体的和权威的意志才能约束每一个人,因为它能够为所有人提供安全的保证。当人们生活在一种普遍的、外在的以及公共立法状态之下,而且还存在权威和武力,这样的状态便称为文明状态。可见,只有在文明的社会才可能有一种外在的"我的和你的"。

推论结果——作为必然的结果,就是:如果法律上让人有可能去拥有一个外在物作为自己的东西,那么,必须允许这个占有的主体(个人)去强迫或强使每一个有可能和他在"我的和你的"占有问题上发生争论的人,共同进入文明社会组织的关系之中。

9. 在自然状态中也可能有外在的"我的和你的"的事实,但只是暂时的

在文明社会组织中[①]的自然权利,是指这样一些权利的形式:它们可以从一些先验的原则推演出来,作为这种(文明)社会组织的诸条件。因此,自然权利不会被这样一个社会组织制定的法规所侵犯,同时,下面的法律原则仍然有效,这个原则是:"不管谁依照哪一种准则去行动,如果此准则使我不能把那个我对一个行使了我的意志的对象作为己有,那么,他就是对我的损害或侵犯。"只

① "constitution"一词未译为"宪法",因为在康德的时代,尚未流行现代宪法的概念,它更多地指社会组织。——译者

有文明的社会组织才是这种法律状态，在此状态下，每个人对属于他的东西才有保证，这不同于把一件东西特别分配给他和决定分给他的情况。因此，所有的保证，就是假定对每一个人来说，他已经占有的东西（作为他的所有）得到了保证。因此，在文明社会组织之前——或把它**排除在外**——一个外在的“我的和你的”必须被认为是可能的，并且还假设有一种权利去强迫所有可能与我们发生任何来往的人，一起进入一个社会组织，在其中“我的和你的”能够得到保证。这也许正是一种人们盼望的占有，或者为这样一种安全状态作准备，这种占有只能建立在公共意志的法律之上。因此，在文明社会之前的占有，要和这种状态的**可能性**相一致，它构成一种**暂时**的或临时的法律占有；而这种占有在文明社会状态中将成为实际存在的、**绝对的**或有保证的占有。一个人在进入文明状态之前（他是自然地不自觉地为这种状态作好准备），每个人可以公正地反对那些不愿改变自己来适应文明社会组织的人，并且反对那些干扰他取得暂时占有的人。因为，如果除他外，所有人的意志都强加给他一种责任，禁止他去侵犯某种占有，这仍然是单方的或**片面**的意志，结果是，这种意志没有什么**法律**的资格——这种资格只能正确地建立在普遍意志之上——去争夺一种权利，作为他必须去**维护**的权利。不过，他仍然可以在他这一方获得好处，只要他依照要求的条件去传播和创立一个文明社会。总之，那种在**自然状态**中可以把任何外在物看作某人自己占有的方式，恰恰是带有权利设想的、有形的占有。这种占有方式，通过把所有人的意志联合起来，在公共立法中被规定为**法律**的占有；在这样的盼望中，那种在自然状态中的占有**比较地说来**，是作为一种潜在的法律占有。

这种权利的特权，由于来自经验占有的事实，则与下述公式相符："现在的占有者好处多。"(或谁占有归谁所有。)上述特权并不和下面的事实相一致：由于事先假定占有者是一位合法的人，他就没有必要提出证据，证明他是合法地占有某物的，因为，只有对有争议的权利才提出这种要求。但是，由于这种特权符合于实践理性的公设，每一个人都被授予一种可以把外在物(他已经对此物施加了他的意志)作为他自己所有的能力。其结果是，一切实际的占有是这样的一种状态：他的占有的合法性，是通过一个在此之前的意志行为而建立在此公设之上的。这种行为(如果同一对象不存在更早的占有者，没有人反对这种行为)，就可以暂时地证明我有理，而且我有资格按照外在自由的法则，去约束任何拒绝和我共同进入一种存在公共法律的自由状态的人，不让他们用一切借口来使用这样一个对象。这样的程序之所以需要，因为它与理性的公设相符，于是，我便能正当地使用一外在物，否则，将会实际上被取消此物的一切正当使用。

第二章　获得外在物的方式

10. 外在获得的一般原则

当我行动起来获得一物，于是它变成我的。当一外在物最初变成是我的的时候，甚至用不着附加法律的行动。一个最初的和原始的获得，是指这种获得不是取得别人已占为己有的东西。

不存在什么原来就属于我的外在物。可是，当一外在物尚未为他人所有时却可以为我原始地获得。"我的和你的"的共有状态，不可能设想是原来就有的状态。如果外在物成为这样状态，必定是由于一种外在的法律行为，尽管可能存在着一种对外在物原始的和共同的占有[①]。哪怕我们假定有一种状态，在这状态中"我的和你的"原来就是共有的(就像一种原始共享财产的状态)，但它还是必定有别于设想为财物公有的远古的公社。有时候人们假定这种财物公有是在人们之间初期建立的权利关系，但这种情况不能看作像前一种状态那样是建立在原则之上的，它只是建立在历史之上的。即使在此条件下，历史上的共享，一种假设的远古社会的共享，它也始终要被看作是被取得的和派生的。

外在获得的原则，可以这样表达："无论是什么东西，只要我根据外在自由法则把该物置于我的强力之下，并把它作为我自由意志活动的对象，我有能力依照实践理性的公设去使用它，而且，我依照可能联合起来的共同意志的观念，决意把一物变成我的，那么，此物就是我的。"

构成原始获得程序的实践因素是：

(1) 掌握住或抓住一个不属于任何人的对象。因为，如果它已经属于某人，那么，根据普遍法则，这种行动可能就与他人的自由冲突。这是我的意志在空间与时间之中自由活动去实现占有一个对象，由于我自己参加这种占有活动，从而这种占有便变成可以感觉到的或有形的占有；

(2) 我通过正式的表示，宣布我占有某个对象，并用我自由意

① 德文本附了一条注(出版人注)：尽管可能存在着一种对外在物原来只能是共同的占有。——译者

志的行动,去阻止任何人把它当作他自己的东西来使用;

(3) 占为己用,在观念上,作为一种外在立法的共同意志的行为,根据这种行为,所有的人都有责任尊重我的意志并在行动上和我意志的行动相协调。

在获得的过程中,最后一个因素的有效性(例如:"这个外在对象是我的"的结论就依据这种有效性),就会使得这种占有(作为纯粹理性的和法律的占有)生效。它是建立在这样的事实上,由于所有的行动都是法律的行为,因而它们是从实践理性中产生的,所以,在什么是权利的问题中,占有的经验诸条件可以撇开不管,结论是:"这个外在对象是我的"之所以是正确的,那是因为由占有,从可以感觉到的外在事实的占有,变成根据内在权利的理性占有。

原始的最先获得一个外在的对象(一个意志行为的对象),称之为占领,这只能对实物或有形物发生。如今,有个外在对象确实按这种方式被占领了(作为经验占有的条件),那么,这个占领行动就事先假定,它在时间上发生于其他任何人也想去占领它之前。由此产生一条法律的格言:"谁在时间上占先,在法律上也占先。"这种作为原始的或最先的占有,仍然是单方面的意志的作用,万一有两个人或两方的意志要求获得它,在这种情况下,占领的问题就要通过双方或更多的人,从彼此订立的契约中推定。这样一来,就要根据他人或其他的人们,把那些已经为他或他们使其成为自己所有的东西作决定。可是,不易弄清楚,这样一种自由意志的行为,在此情况下,如何能够真的形成一个基本原则,可以让每一个人拥有他自己的东西。第一次获得一物,从这种观点看,无论如何,这和对该物的原始获得并不完全是一回事。因为,在公共法律状态下(所有人的意志通过普遍的立法而联合为一)的获得,可能是这样的一种原始获得,因为看不出有其他占有方式能够发生在此方式之前,虽然这种获得可以从所有个人的个别意志引申出来,并后来却成为一切方面的或者全方位的意志,因为正确的最初获得,只能从某一个人的或单方面的意志开始。

外在的"我的和你的"获得的主体[①]分类

(一)关于获得的客体[②]的问题,我获得的或者是一个具体的东西(实体);或者是另一个人的劳务(因果);或者是对另一个人(就他所处的状态而论),我有权(在我和此人的相互关系中)去指挥他。

(二)关于获得的方式或形式,它或者是物权;或者是对人权;或者是物权性的对人权,即占有一个人,好像他是一个物,虽然不是把他作为物来使用[③]。

(三)关于获得的权利的根据或者获得的资格(说得准确些,这种权利并非权利分类中的特殊一项,毋宁说它是行使各种权利的方式的组成要素),任何外在物可以通过某种意志的自由行使而被获得,共有三种情况:单方面的,作为单独意志的行为(事实);或者双方面的,作为两个意志的行为(契约);或者全方位的,作为整个社会的全体意志的行为(法律)。

---

①② 原英译文在此分别为 Subject 和 object,但实际上仅指客体。另外,德文本中,此小标题无"主体"一字。——译者

③ 物权和对人权都是康德从罗马法中接受来的概念。他认为还有一种"物权性的对人性",并自以为这是他个人在法学上的一大发现。——译者

第一节　物权的原则

11. 什么是物权?

物权的通常定义,或"在一物中的权利"的定义是:"这是一种反对所有占有者占有它的权利[①]。"这是一个正确的词语的定义。但是,对任何一个外在的对象,当任何人可能作为它的占有者出现时,什么东西使我有资格要求占有此对象,并且经过辩护强迫别人让我替代他的地位重新占有它?我的意志所表现的这种外在的法律关系,是不是一种对一个外在物的直接关系?如果是这样,那么,不论是谁,如果他想象他的权利不是直接对人的而是对物的,他就会这样描述,虽然只能用一种相当模糊的方式作近乎如下的描述:一方有权利,另一方就总是会有相应的义务,于是一个外在物,虽然它不在第一个占有者手中,但通过一种连续性的责任,仍然与他连结起来;因此,它拒绝任何其他的人再成为它的占有者,因为它已经为另一人所约束。这样一来,我的权利,如果把它看作一种附着于一物的良好特性,并保护它不受任何外来的袭击,那么,它(我的权利)就会把一个外来的占有者给我指出来。设想有一种人对物的责任,或者物对人的责任,这是荒唐的,虽然在任何特殊情况下,可以允许通过这样一类可以感觉到的形象,提出这种

① 康德指的是:反对所有其他的人占有该物的权利,此原则来自罗马法"物权"的含义。——译者

法律关系，并用这种方式去说明这种法律关系。

可见，物权的真正的定义应该是这样："在一物中的权利就是私人使用一物的权利，该物为我和所有其他的人共同占有——原始的或派生的。"因为只有依照这唯一的条件，我才可能排除其他占有者私人使用该物。因为，除非先假定这样一种共同集体占有，就不可能设想出当我并不真正占有一物时，又如何能够在他人占有并使用它时，便构成对我的损害或侵犯。通过我自己意志的个人行为，我不能迫使其他任何人承担责任不去使用一物，相反，他对此物毫无责任，因此，这样的一种责任，只能产生于大家联合成集体意志的共同占有关系中。否则，我便必然会设想一种在一物之中的权利，好像该物对我有一种责任，而且这个权利，作为反对任何人占有它的权利，还必须从此物中的责任派生出来，这是一种荒唐的用来说明此问题的方式。

此外，物权一词的意义，不仅指"在一物中的权利"，它还是所有与真正"我的和你的"有关的法律的基本原则。很明显，如果在这个地球上仅仅只有一个人，那么，正确地说，既不可能有，也不可能获得任何外在物作为他自己所有。因为在他（作为一个人）和外在物（作为物质对象）之间，不可能有责任的关系。因此，严格地说，在一物内没有什么直接的权利，而只有这样一种可以正确地称为"真正"的权利，它作为反对人的权利，属于每一个人，他和所有其他的人一样，在文明的社会状态中，共同占有诸物[①]。

① 康德所说的物权，与罗马法所说的内容相同，即物主反对任何他人对此物的占有权。——译者

12. 第一种获得物只能是土地

这里所说的土地要理解为所有可以居住的土地。对于土地上一切能够移动的每一件物来说,土地被看作是本体;那些可以移动的物的存在模式被看作是土地的一种固有属性。从理论所承认的见解看来,这些偶然存在物不能离开它们的本体而存在,所以,在实际关系中,在土地上能够移动的物不能认为属于任何人,除非假定他以前已经在法律上占有那块土地,如果这样,就可以考虑那些东西是属于他的。

先假定土地不属于任何人。那么,我便会有资格从土地上搬走所有可以移动的东西,哪怕土地上所有的东西都消失,为的是占领这块土地,而不至于侵犯任何人的自由,但是必须有个前提,即这块土地根本不存在所有者。每一种可以被毁掉的东西,如树木、房子等等——从它的质料看至少如此——都是可以移动的,如果一物除非毁坏它的形状,否则不能移动,我们称之为不动产,在此物中的"我的和你的"不能理解为可以适用于此物的本体,只适用于附属于本体的东西,以及那些主要地不是构成此物自身的东西。

13. 每一部分土地可以原始地被获得,这种获得的可能性的依据,就是全部土地的原始共有性。

这个命题第一条条款是建筑在实践理性的公设之上(见第二节);其第二条条款是由下面的论证构成。

所有的人都原始地,在出现自由意志的法律行动之前,都正当地占有了土地。这就是说,不管大自然或偶然机会,不顾人们的意志，把他们置于何处，他们都有权在那里生活。这种占有（它与作为一种有意识的、获得的、永久占有居留地是有区别的），由于地球上所有地方的人彼此都有接触而变成共同的占有。如果大地是辽阔无边的大平原，人们就可以分散开，用不着建立必要的彼此交往，社会性的团体也不会必然地在地球上存在。既然这种占有对所有地球上的人都是合适的，并且是在特定的法律行为之前发生的，这种占有便构成一种原始的共同占有。这种原始的共同占有诸物的概念并非来自经验，亦不受时间条件约束，因为这是在真实历史中远古社会的一种想象的、无法证明的设想的占有。因此，它是一种理性实践概念，它自身包含唯一的依据就是：人们可以根据权利的法则，使用他们偶然占据的地球表面的那块地方。

14. 这种原始获得的法律行为是占据

采取占有的行动，开始于对一个在空间的有形物在物质上的据为己用，并能够和所有人的外在自由的法则一致，唯一的条件是，这个行动在时间上是最早的。在这种关系中，此行动（作为意志的自由行使）在取得占有的方式中，务必具有第一次行动的特性。这种意志的活动，由于它决定着一物——这里是指在地球的表面上特定的分割出来的地方——应该是我的，又由于它是一种据为己用的行为，在此种情况下，原始获得只能是个人的或单方面的意志活动。现在，占据是通过个人的意志行为对一外在对象的获得。因此，对这样一个对象（作为有限的一块土地）的原始获得，只能通过一种占据行为来完成。

按照这种方式去获得的可能性，绝不可能直觉地为纯粹理性所领会,也不能由它的原则来建立,它只是从实践理性的公设中推论出的一个直接结果。作为实践理性的意志,无论如何,它无法证明外在的获得是正当的,除非这种意志自身被包含在一种绝对权威的意志之中,并且是有意结合起来的。或者,换句话说,除非它有被包含在所有人的(他们彼此在实践中发生了关系的)意志的联合体中。因为个人的单方面意志——这同样适用于两方面的或其他个别的意志——不可能把一种责任(它自身是偶然的)强加给大家。要做到这一点,就需要一种全体的或普遍的意志,它不是偶然的而是先验的,因而,它必须是联合起来的和立法的意志。只有根据这样的原则,每个人积极的自由意志才能够和所有人的自由协调一致,这样才能够存在一般的权利,或者,甚至一个外在的"我的和你的"的权利也可能存在。

15. 只有在一个文明的社会组织中,一物才能够被绝对地获得,而在自然状态中,获得只是暂时的。

建立一个文明的社会组织,作为一种义务,在客观上是必要的,虽然在主观上,它的实现是偶然的。因此,它与真正自然的权利法则相联系,一切外在的获得都受这种法则所制约。

我们已经说明经验获得的资格,[①]是通过采取实物上的占有而构成的,并且是建立在一个人人对土地都有权利的原始公社之上的。由于可感觉的有形占有必须与权利的理性占有的概念相一致,所以,必须有符合于实物占有行为的、理性占有的模式,这种模

① 也可译为"权限"、"权利"。现在译为"资格",含义的伸缩性大些。——译者

式排除了空间上和时间上一切经验性的条件。这种理性的占有形式提出了这样的命题："不论什么东西，当我依照外在自由和意志的法则，我决意把它置于我的强力之下，使它将属于我的，便成为我的。"

因此，理性获得的资格，从根本上说只能存在于所有人的意志不明显地联合起来的观念之中，或者是必须联合起来的，在这里联合是心照不宣的假定，并作为一种必不可少的条件。因为，单方面的意志不能给他人强加一种责任，他们也不会受此责任的约束。但是，如果众人的意志确实地并普遍地联合在一个立法中，那么，这个事实就构成文明的社会状态。因此，只有和文明的社会状态的观念相符合，或者是根据这种观念和这种观念的实现，外在物才有可能被获得。在这种状态实现之前，如果可以从别的地方推演出一种获得，那只能必然地是暂时的。绝对的获得，只能在文明状态中才可以找到。

可是，这样的暂时的获得是真正的获得。因为根据法律上实践理性的公设，不论在什么状态下，人们可能偶然地彼此相邻而居，即使在自然状态中也会如此，获得的可能性就是私人权利（或私法）的一个原则。根据这个原则，任何人可以有理地或有资格去行使一种强制措施。仅仅根据这种强制措施，人们就有可能脱离自然状态而进入一个文明的社会状态，只有在这种状态中，才能把所有的获得物成为绝对的占有。

有一个问题，占有土地的权利可以延伸多远呢？回答：就是他的力量所及的范围，即在他所能保护的范围之内，他愿意占用多少都可以。好像土地在说："如果你不能保卫我，你就不能指挥我。"

这样一来,必须解决关于什么是自由海域与封闭海域的争论。那么,在大炮射程内,不允许任何人有权闯入已经属于某一国家的海岸去捕鱼或搜集琥珀或其他类似的东西。进一步还要问,“要获得土地,是否一定需要通过建筑、耕种、排灌等等来经营这块土地?”不需要,因为这些特殊措施的形式,都是偶然的,它们不构成直接占有的对象。这些措施,只能是属于主体(土地)的,因为这些措施的实体(土地)早已被承认是属于他的。当第一次占有一物尚成为问题的时候,通过劳动去排灌或改变土地原状的措施,除了表示这块土地已经被占有这一事实的外在标志而外,并没有更多的含义,而这种表示可以用很多其他省事的办法去表达。另一个问题:“任何人在取得占有的行为中,如果有两个竞争者,其中每一个人都不能得到优先的权利,因而占有行为中止,那么,这块土地是否可以永远是自由的而不属于任何人呢?”绝对不能如此。不允许这样的制止行为发生,因为上述二人中的第二个人,如果他能够这样做,他自己也必然是站在邻近的另一块土地上,在那块土地上,别人也可以按同样的理由制止他去占有,这种无限制的制止行为,会陷入自相矛盾。可是,有一种情况却与占领的权利很一致的,例如,有一块中间地带,让它闲置不用作为中立地带,把相邻的两个国家分隔开;可是,即使在这样的条件下,这块土地实际上属于两国共同所有,并非没有一个所有者,正是由于它可以为双方所使用,而把两国分开。再一个问题:“在一块尚未有人占据它作为已有的土地上,是否有人可以把此土地上的某种物品作为他自己的东西?”可以。例如在蒙古,任何人都可以在土地上存放他的各种各样行李,或者把他跑散的马拉回来,因为整块土地,一般说来,属于人民(共同所有），因此，土地的使用权属于每个个人。可是，任何人想把在另外一个人土地上的可以移动的东西成为他自己所有，只有通过契约才有可能。最后一个问题："两个相邻的民族或部落，当一个民族或部落打算强迫另一个民族或部落按某种模式去使用一块特定的土地时，后者是否可以反抗，例如一个狩猎的部落打算让一个放牧的部落也去狩猎，或者一个放牧的部落强迫一个务农的部落去放牧等等？"当然可以反抗。因为各民族或部落在地球上如何安排他们自己的生活方式，只要是在他们自己的边界内进行，便仅仅是一个他们自己一方是否乐意和选择的问题。

人们还可以进一步提问：当既非自然的，亦非偶然的，只是由于我们自己的意志而把我们带进与另一个民族为邻的关系中，如果这个民族不答应和我们共同进入一个文明的联合体，那么，我们是否便自认为有资格，在任何情况下可以使用武力去建立这样一个联合体，把这些人，例如野蛮的美国印第安人，西南非洲的霍屯督族人，新荷兰特族人等带进法律的状态中？或者——如果情况不很好——我们是否可以通过骗人的交易等办法去建立殖民地，于是变成他们的土地的所有者，而且一般说来，不考虑他们的第一次占有，只是任意利用我们对他们的优势去达到这个目的？还有，是否可以坚持：自然界自身，由于厌恶空虚，好像要求这样一个进程，否则，在另外一些大陆上的大部分地方（现在都壮观地住满了人），会是另一个样子，到现在还没有为文明的居民所占有，而且说不定会一直维持那种原来状态，是否这样一来，（上帝）创造（世界）的目的就会遭到挫败？对这些问题，几乎没有回答的必要。因为，所有这些站不住脚的不公正的谎言，都是容易被看清楚的，正如阴险的耶稣会教义所说的,一个善的目的可以把任何手段都变成有理的。因此,这种占有土地的方式应该受到谴责。

外在的可以被获得的那些对象,在量的方面的不确定性,犹如在质的方面一样,使得决定那一次获得是唯一原始占有外在对象成为非常难于解决的问题。无论如何,必须存在某人首先获得一个外在对象,因为,并非一切获得都是派生的。所以,这个问题不能由于无法解决,或者由于这个问题本身不能存在而不加以考虑。如果这个问题通过原始契约而得到解决,那么,除非这个契约可以扩大到包括整个人类,否则,即使根据原始契约,其获得仍然只是暂时性的。

16. 最初获得土地的概念的说明

所有的人原来都是共同集体地占有整个地球上的土地,他们按自然赋予各人自己的意志去使用它。但是,考虑到一个人的自由意志,和另一人的自由意志在行动上的对立,根据自由意志的本性,这是不可避免的。假如每一个人的意志不同时承认一条法则,一条可以来调整所有人的意志在行动上的关系的法则(根据这条法则,可以规定每一个人在公共土地上的特殊占有),那么,对土地的一切使用,就会受到妨碍。这条法则是法律的法规。但是,“我的和你的”的分配法规(可以适用于在这块土地上的每一个人),根据外在自由的公理,只能开始于一种最初联合起来的先验的意志(不用事先假定任何法律行为作为这个联合的条件)。这个分配法规,只能在文明的状态中形成,因为只有在这种状态中,联合起来的公共意志才可以决定什么是公正的,什么是法律上的,什么是权利的宪法。根据文明状态来看，建立和打算建立文明状态之前，对每个人来说，只有一种暂时的义务去依照那外在获得的法则办事。因此，这是行使意志一方的法律程序，他给每个人规定了责任去承认他占有的和占用的行为，虽然这仅仅是单方面的意志。所以，暂时获得土地，以及这种获得的一切法律后果，在自然状态中也是可能的。

但是，这样的一种获得，在决定法律上可能占有的界限方面，需要并且也得到许诺法则的赞同。这种获得开始了法律状态，但这仅仅是这种状态的先导，尚未成为绝对的，另外，这种赞同的时间，也不能早于其他参加者表示同意建立文明状态的日子。万一有人反对他们进入这个文明状态，只要这种反对继续存在，这种赞同便支持一切有保证的法律获得的效果，因为从自然状态发展到文明状态是建立在一项义务之上的。

17. 原始的最初获得概念的推论

我们已经在一个有普遍性的原始土地共同体中，根据在空间中一次外在获得的诸条件下，发现了获得的资格（或权利），并发现获得的模式包含在经验的取得占有的事实中，并与把一个外在对象作为已有的意志相结合。我们还需要进一步去阐明，从与此（获得）概念有关的纯粹法律上的实践理性的原则去阐明，法律上正当占有一个对象（这就是外在的“我的和你的”）是随着作为理性占有的两个先决条件而产生的。

外在的“我的和你的”的法律概念，由于它涉及实体，不能把“那个对我是外在的东西”仅仅解释为，这个东西是“在一个我不在其中的地方”,因为这是理性的概念。只是智力思辨[①]的概念才能够被包括在理性概念之中,根据非经验性占有的意思(也可以说,通过取得占有一个外在物的不断活动),这里所说的外在的“我的和你的”的法律概念只能表示为:“某种与我不同和有别于我的物,”它只涉及把某些东西置身于我的强力或权力之下的含义,它说明一个对象和我自己的联系,作为我利用此对象的可能性的主观条件,这就构成一个属于理解上的纯粹智力思辨性的概念。现在,我们可以抛开,或者可以不管占有的感觉诸条件,因为人与对象没有责任的关系。这种排除感性因素的做法,正好体现一个人对众人的理性关系;正是根据这样的关系,他通过他的意志行为能够用一种责任去约束[②]所有其他的人不能动用那些对象,因为这种做法与自由的公理、权利的公设以及公共意志(它被设想为先验地联合起来的意志)的普遍立法相一致。因此,这就是作为通过纯粹权利,对诸物理性的智力思辨的占有,虽然诸物是感官的对象。

很明显,对一定份额土地的第一次耕作、划界或转让,一般地说来,这种活动自身并不能提供一种资格去获得这块土地,因为一次偶然的占有,并不能构成对该实体的法律占有的依据。相反,关于“我的和你的”的推论,必须依据“由承诺而来的财产原则”,从该实体的所有权中概括出来。因此,如果某人在一块尚不属于他的土地上劳动,他会失去他的劳动成果,而为前一位土地所有者所有。这种情况本身是如此明显,以致对持相反的古老见解(虽然它

① 这是与“经验的”相对的,非经验的,属理智上的获得或占有概念。——译者

② 德文本在“责任去约束”下有重点符号。——译者

仍流传得很广)亦很难不被看成是一种流行的幻想,它不自觉地导致物体的人格化,好像这些物件,通过花费在它们身上的劳动,便会受到一种责任的约束,似乎它们应该只对花费了劳动的人服务,依据直接的权利,认为这些物为他所有。否则,很可能那个已经讨论过那个自然如此的问题,“在一物之中的权利,怎样才是可能的?”就不会轻轻地被放过不问了。因为,物权,作为反对每一个可能成为一物的占有者的权利,仅仅指一个殊特意志提出使用一个对象的应得权利,只要这个意志可以包括在人人都理解的普遍意志之中,而且还可以被认为和普遍意志的法则相协调。

至于那些被放在已经是我的土地上面的物体,如果它们不属于其他任何人的,那么,它们就属于我,我用不着为了这种占有目的去履行任何特定的法律手续。它们之所以属于我,不是根据事实,而是根据法律。因为可以把它们看作是附属于土地这个实体的偶然的东西,这样一来,它们便属于我的。任何一类物,只要它与我所有的其他任何东西有密切到不可分割的联系,如果要想把它和我的东西分开,除非在实体上改变那事物,那么,它们都是属于我的。例如,在我的某一对象上的那些装饰品,那些与我的其他财物混合在一起的混合物、沉积物、矿床,甚至一条小溪或河流的河床改道了,变成对我有利,结果增加了我的土地,等等。根据同样的原则,还必须规定这种可以获得的土地是否可以扩展到超出现存的土地面积,甚至包括一部分海滩,以及有无权利在我所有的岸边打鱼,采集琥珀等等。就我拥有的机械能力来说,为了保护我的土地不受他们攻击,从我占领的地点起,一直到大炮打得到的地方,所有这些领域都归入我的占有,那里的海面也成为封锁的海面。但是,在大海中没有可以占领的基地,所以,可能占有的海面不能伸展得太远,于是,辽阔的海洋是自由的。可是,万一有些人或者属于他们的东西,搁浅在海岸上,由于这种情况并非出于有意,所以,此海岸的所有者不能因此有权去获得这些东西。因为船坏了并不是一种意志的行为,而且也不应该给某人带来损害,那些可能搁浅在他的土地上的东西,仍然是属于某人的。不能把它们当作没有主人的东西或无主物。另一方面,一条河,就以河岸延伸出来的土地的占有来说,像任何其他的土地那样,在上述的限制条件下,可以由占有河岸两边的人原始地获得它。

财　　产①

一个外在的对象,如果它的本体能够为某人要求是他的,该对象便是他的财产。凡是在此对象之中的一切权利,都附属于此对象,犹如一个整体——如同那些偶然附属的东西,生来就属于一个实体——因此,他作为所有者,便可以任意处理它。不过,据此可以立即推论出,这样的一个对象,只能是一个有形物,人们对它不负什么直接的个人责任。所以,一个人可以是他自己的主人,但并不是他自己的所有者,他不能任意处理他自己,更不用说对他人有这种关系的可能了,因为他要对在他自身中的人性负责。这一点,由于它是属于人性本身的权利,而不是属于他个人的权利,所以,不准备在这里多加讨论,在这里只是提一下,以便更好地理解刚才

① 德文版无此标题,仅有三个“*”与上文隔开。——译者

说过的问题。人们可以作进一步的观察，对同一物可能存在两个有充分资格的所有者，这并非存在共同的“我的和你的”，而仅仅是共同占有一个只能属于他们中一个人作为此人自己的东西。在此情况下，两个所有者之中，一人得到此物的完整所有而不得使用；另一人则得到对该物的充分使用以及对它的占有。前者（作为直接所有者）只能在一个条件上限制后者（作为使用的所有者），即：要求他对该物本身作出某种连续性的成绩，而不限制他对它的使用。

第二节　对人权的原则

18. 对人权（或人身权）的性质与获得[①]

占有另一人积极的自由意志，即通过我的意志，去规定另一个人自由意志去作出某种行为的力量。这种占有根据自由法则，是涉及外在的“我的和你的”的权利的一种形式，并受到另一种因果关系的影响。对同一个人或对不同的一些人，可能取得几种这样的权利。这种法律体系的原则（根据它，我可以取得这样的占有），这是对人权的原则，并只有一条这样的原则。

对人权的获得，绝对不能是原始的或专断的。因为这样的获得模式不符合我的意志的自由与其他每一个人的自由之间要取得和谐的原则，所以，这样的模式是错误的。他人不能以任何不公正

① 德文版从“18”至“62”均无这些小标题。——译者

的行为的手段去获得这种权利,因为这样做本身与权利的原则冲突。如果把这样一种错误的事强加在我身上,而我又可以根据权利的法则向他要求补偿的话,那么这样一来,我除了有资格保持我原有的东西而不至于减少以外,别无他获。

通过他人行为的手段而取得的占有(由于这种占有,根据权利的法则我来决定他的意志)始终是从他人自己有什么东西这一情况推论出来的。这种推论,作为法律行为,不能通过单纯消极的让出或抛弃他所有的东西而实现,因为这样一种消极行为只能表示他的权利的终止,并不表示另一方取得一种权利。这仅能通过积极的转让或让与,才获得一种对人权,这只有通过公共意志的办法才能做到;用这种办法,种种对象便进入一人或他人的权力之内。因此,当某人放弃一个按公共权利拥有的个别物件时,此同一个对象如果由于他人的一次主动的意志行动而被接受,那么,此物便成为他的财产。由一个人到另一个人的这种财产的过渡,称之为转让。通过两个人联合意志的行为,把属于一个人的东西转移给另一个人,这就构成契约(合同)。

19. 通过契约的获得

每一项契约都包含意志的四个法律行为:其中两个是准备的行为,两个是构成的行为。两个准备的行为是提供和同意,作为商议这项事务的形式;两个构成的行为是允诺和接受,作为结束该事务的形式。在提供物尚未为被提供人判定此物的确是他这一方想要的东西之前,这个提供不能构成允诺;允诺必须经过前面两个(提供和同意)声明才能出现。但是,仅有这两个声明,到现在尚不能获得什么东西。

进一步说,既不是由于允诺人的个别意志,也不是接受人的个别意志,前者的财产便转到后者手中,这只能是双方结合的或联合的意志来实现,并要求双方意志同时或相继作出声明。可是,这种同时声明的行为,在经验中是不可能做到的,这两个声明只能在时间上一个跟着一个,而绝对不能真的同时发生。因为我虽然已经允诺了,但另一方现在仅仅是愿意接受,在真正接受之前的那段时间内,无论它是如何短暂,我都可以撤回我的提供,因为此时我仍然是自由的;同样,在另一方,接受人出于同样理由,也可以在接受行为发生之前,紧接着允诺行为之后,作出相反的声明,同样使自己不受约束。约束一项契约的外在手续形式或庄严仪式——例如握手。折断一根麦秆,双方各持一半——以及各种各样表示肯定双方声明的模式,都是用事实来表明,订约双方以什么方式可以表示他们发表声明时的窘状。这些仪式,作为表示允诺与接受在同一时间一齐发生,一直是成功的,而订约的四个形式却做不到。这四个行为,根据它们的性质,在时间上必须一个跟着另一个,可是,一个行为发生了,另一个行为尚未发生,或者再也不会发生。

只有哲学上先验的推论,通过契约而获得的概念,才能消除所有上述困难。在法律的外在关系中,我取得占有他人的自由意志作为决定他去做某一行动的原因。首先,在经验上,通过我们每个人自由意志及时的声明和相应的声明,作为取得占有的可感知的条件表达出来了,而这两种法律行为在时间上必须必然地被认为是一个跟着另一个发生的。但是由于这种被看作是法律的关系,其自身纯粹是理性的,这种作为制定法律的理性能力的意志(根据自由的概念和撇开种种经验条件),表明这种占有是理智的或理性的占有。既然允诺和接受的两种行为,不能认为在时间上是一个接着一个发生的,但是,把“契约的开始”看作是产生于一个公共意志(它可以用“与此同时”或“一齐发生”等词语来表达),被允诺的对象(在排除了经验的各种条件的情况下),根据纯粹实践理性法则,就表示为已经被获得。

这就是对通过契约获得的观念进行真正的和唯一可能的推论,只要花点力气,这个推论是完全可以证明的,可是,一些法理学的作家——例如摩西·门德尔松写的《耶路撒冷》一书——却白费了很多精力来论证这种获得的理性的可能性。这个问题是这样提出的:“我为什么应该遵守我的诺言?”这种问法就是假定大家都明白:我应该这样做。但无论如何,绝对不可能对所说的绝对命令提出进一步的论据,正如一位几何学家不可能用理性的三段论法去证明:为了画一个三角形,我们必须用三条线(此为一个分析命题),其中两条线之和必须长于第三条线(一个综合命题),这种证明和上面的问题一样,是属于先验的。这是一个纯粹理性的公设,这是我们应该撇开时间和空间的所有可以感觉的条件,关于权力概念的纯粹理性的公设;这种摆脱上述条件而又不失去占有真实性的可能性理论,正是构成通过契约而获得的概念的先验推论。这里说的和上面一节所说的,作为通过占据外在对象而获得理论极为相似。

20. 通过契约获得的是什么

我通过契约获得的那个被称为外在物是什么?由于它仅仅是

他人积极意志的因果关系，要把一些已经允诺的东西给我，可是，我并没有因此马上获得一件外在物，而仅仅获得一个达到这样目的的意志的行动，根据它，一个外在物便置于我的权力之下，于是我可以把它变成我的东西。所以，通过契约，我获得了另一人的允诺，它不同于被允诺的对象；但我却因此而在我拥有和占有的东西之外又加上一点东西。通过取得一种主动的责任，我能够对另一人的自由和能力施加压力，于是，我的占有就变得多了一些。我的这种权利只不过是一种对人权，它的效力只能影响到某个特定的具体的个人，特别是影响到他意志的因果关系，于是，他必须为我做一些事情，这不是加于此法人的物权。物权被认为和所有人的联合意志的观念（被看作是先验的）是一致的，仅仅通过它，我能够取得一种有效的权利来反对每一个占有该物的人。因为，正是在这个物权中包含了在一物中的一切权利。

通过契约把我的东西转让或让与另一个人，这是根据连续性的法则进行的。这就是说，对一物的占有，在转让行动的进行过程中不能中断，因为，如果中断，该物便处于无主物的状态，我就可以在这种状态中获得一个对象，而且这会成为原始的获得，这是和契约的观念相矛盾的。但是，这种连续性所指的不是允诺一方或接受一方的特殊意志，而是他们共同联合的意志，就是这种联合意志把我的东西转让给他人。可见转让的完成并不要求允诺人为了另一方的利益而首先转让他的占有，或者放弃他的权利，而另一方立即占有或立即取得权利或者相反。因为转让是一种行为，该对象在转让行为中暂时同时属于双方所有，正如一个抛物体的运动轨迹，当该物体达到它的最高点那一瞬间，可以看作同时既是升高又是降落,把这概念引用到转让行为上,就是从升高到降落的一瞬间。

21. 接受和交付

在一项契约中获得一物,不是通过对允诺的接受而是通过被允诺对象的交付。因为一切允诺都与履行有关。如果被允诺的是一个物,那么,要履行允诺只有通过一种行动,允诺人让接受人取得对该物的占有,这就是交付。在交付一物和接受一物之前,需要履行的行动尚未发生,该物尚未从一人转到另一人手中,因此,该物尚未为另一人获得。所以,来自契约的权利,仅仅是一种对人权,它只有经过交付才变成物权。

一项规定立刻交付的契约,排除在契约的缔结和它的执行中间有任何时间上的中断,因而,它不要求在未来再有什么特殊行动,通过这种行动,一个人可以把他所有的东西转让给另一人。但是,如果他们之间同意在一段时间之后——有限的或无限的——才履行交付,那么就发生一个问题,在交付时间之前,该物是否由于订立了契约而已经变为接受人的东西,于是接受人的权利就是对此物的物权;或者需要另订一项特别契约,单独对交付作出必要的规定?可见,单纯由于接受而获得的权利只是一种对人权,它在交付之前不会变成对此物的物权。既然这种关系必须根据后者(接受人)的抉择来决定,那么这种关系得要按下一步将会发生的事情如何才能看清楚。

假如我缔结一项契约,要获得一个我所盼望获得的东西——比如是一匹马——而且我立刻把马拉过来放在我的马厩里,或者采用其他办法使它为我所占有,那么,这匹马便是我的,我的权利就是物权。但是,假如我把马仍然留在卖主的手中,和他又无特殊安排,规定在我取得占有此马之前谁在实际上占有或持有此马,这样一来,在真正改变占有之前,此马尚不是我的。我所获得的权利仅仅是针对某一特殊个人(即卖马人)的权利,即向他提出占有此对象的权利,并以此作为我可以按照我的意志随意使用此马的主观条件。因此,我的权力仅仅是对人权,即要求卖主履行他的承诺,让我占有此物。如今,如果该契约没有规定即时交待的条件,因而,在缔造契约和取得占有获得物之间,有一间断的时间,在这段时间中我不能取得占有,除非通过行使特殊的被称为"占有行为"的法律行为,这种行为又构成一项特殊契约。这种行为包括我的声明中称:"我将派人去拉那匹马",卖主一方必须对此表示同意。如果任何人将取得一物,而此物却被指定归另一人使用,但得由他付钱,由他去承担风险,这并非不证自明的或普遍有理的事情。相反,需要有一个特别契约去安排,根据这个特殊契约,转让该物的人在一段有限的时间内,继续是它的所有者,并必须对该物可能发生的任何风险负责。即使获得者(接受人)已经推迟他开始占有的日期,即超出他原来同意去接受交付的日期,卖主仍要认为获得的一方是该物的所有者。因此,在占有行为发生之前,通过契约所获得的仅仅是对人权,接受者只有通过交付才能取得一个外在物。

第三节　“有物权性质的对人权”的原则

22. “有物权性质的对人权”的性质

“有物权性质的对人权”是把一外在对象作为一物去占有，而这个对象是一个人。这种“我的和你的”的权利，专门指涉及家属和家庭的权利。这里所涉及的关系是一些自由人彼此间真实存在的关系。通过这些关系和影响，彼此都作为人相待，根据外在自由(作为这种关系影响的原因)的原则，他们组合成一个社会，它的全部成员在此社会组织中彼此作为人相互对待，这样便组成一个家庭。这种模式(个人在其中获得了这种社会地位)及其作用(那些在此模式中被公认的作用)，既不是产生于专横的个人的行为(事实)，也不是来自单纯的契约，而是来自法律。这种法律(它不仅仅是权利，而且也构成对人的占有)，是一种高于一切单纯的物权和对人权的权利。这种权利必须实际上构成我们自身中人性的权利。此外，就这一点而论，这种权利以一种自然的允许的法则作为它的推论，依靠这个法则的力量，这样的获得对我们才成为可能。

23. 在家庭中所获得的是什么

建立在这个法则之上的获得(作为此获得的对象)有三种。男人得到妻子，丈夫和妻子得到孩子，这构成一个家庭。另外，家庭获得仆人。所有这些对象，既是可以获得的，又都是不能被剥夺的。在这些对象中，占有的权利是一切权利中最严格的私人的权利。

家属在一个家庭社会中的权利

第一标题　婚姻的权利(夫与妻)[1]

24. 婚姻的自然基础

家庭关系由婚姻产生,婚姻由两性间自然交往或自然的联系而产生[2]。两性间的自然结合体的产生,或者仅仅依据动物的本性,或者依据法律。后一种就是婚姻,婚姻就是两个不同性别的人,为了终身互相占有对方的性官能而产生的结合体。他们生养和教育孩子的目的可以永久被认为是培植彼此欲望和性爱的自然结果,但是,并不一定要按此来规定婚姻的合理性,即在婚前不能规定务必生养孩子是他们成为结合体的目的,否则,万一不能生养孩子时,该婚姻便会自动瓦解。

尽管可以认为互相利用性官能的欢乐是婚姻的目的,但是,婚约并不能据此而成为一种专横意志的契约,它是依据人性法则 产生其必要性的一种契约。换言之,如果一男一女愿意按照他们的性别特点相互地去享受欢乐,他们必须结婚,这种必须是依据纯粹

---

① 德文版无此"夫与妻"。——译者

② "两性关系"或者是自然的,通过这种关系,人类可以产生自己的种类;或者是不自然的,它又可以分为两种,或者是指和对方属于同一性别的,或者是非人的其他种类。不自然的两性关系是违背一切法则的,对这种违反天性的罪犯,真是"无以名之"。他们违反了作为人的一切人性,不可能通过任何界线与任何例外,把他们从彻底的堕落中挽救出来。——康德原注

理性的法律而规定的。[①]

25. 婚姻的理性权利

这种自然的性关系——作为两性间互相利用对方的性官能——是一种享受。为此，他们每一方都要委身于对方。在这种关系中，单个的人把自己成为一种“物”，这与他本人的人性权利相矛盾。可是，这种情况只有在一种条件下可以存在，即一个人被另一个人作为“物”来获得，而后一个人也同样对等地获得前一个人。这就恢复并重新建立了理性的人格。由于这种结合，获得人身的一部分器官，同时就是获得整个人。因为人是一个整体，这种获得发生在彼此性官能的交出和接受后；或者，一个性器官与另一性器官发生关系，在结婚的条件下，不仅仅是可以允许的，而且在此条件下，进而是唯一真正可能的。可是，这样获得的对人权，同时又是“物权性质”的。这种权利的特殊性，可以由下述事例来确定：例如：已结婚的双方，如有一方逃跑或为他人所占有，另一方有资格在任何时候，无须争辩地把此人带回到原来的关系中[②]，好像这个人是一件物。

26. 一夫一妻制与婚姻的平等

根据同样理由，婚姻双方彼此的关系是平等的占有关系，无论

① 德文版中第一段在英文版中变为注①，文字上也略有出入，意思一样。如，德文版中说：“性的结合是相互利用，一个人利用另一个人的性器官和能力，或者是自然的利用，或者是非自然的利用……”。还有，德文版中无此节的第一句。——译者

② 德文版为“带回到自己的权力之内”。——译者

在互相占有他们的人身以及他们的财物方面都如此。因此，只有一夫一妻制的婚姻才真正实现这种平等关系，因为在一夫多妻或一妻多夫制中，一夫或一妻委身于对方，而他或她只能获得对方中的一人，即获得当时委身于他(她)的那一个人而已，因此也就变成一种纯粹的物了。至于他们的财物，他们各人都有放弃使用这些财物的任何一部分的权利，虽然这仅仅需要通过一项特殊的契约。

接着是纳妾的问题[①]，根据上述原则，纳妾很难被纳入权利的契约之中，因为纳妾是私通契约方式，如同偶然地雇用了一个人那样，一个女人才成为妾。由于考虑到雇佣关系也可能包括上述关系的契约，所以，人人必须承认，任何一个可能订立了这种契约的人，如果她们盼望脱离这种关系回复原来的身份，就不能合法地要求她们去实现她们的承诺。关于纳妾的契约也可以堕落成为一项肮脏的契约。因为作为雇佣的契约规定身体的一部分为别人所使用，而这一部分又是和整个人不可分割的一部分，谁加入了这样的契约，谁就实际上要像一件物那样屈服于别人的专横意志。因此，任何人如果和别人订了这种契约，订约的任何一方可以废除这样的契约，只要此人愿意，在任何时间都可以这样做；而另一方在此情况下，没有任何理由埋怨别人损害了他的权利。这个原则同样适用于一个身份高的男子想和一个身份低的女子结婚的不相配的婚姻(或者“不自然”的婚姻)。他们的婚姻都是为了通过这种契约，利用双方不平等的社会身份，成为一方对另一方处于优越的社会地位而去控制对方，因而，事实上这样的关系和纳妾没有实质的

① 纳妾，也可译为“非法同居”。——译者

区别。根据自然权利的原则,这种结合不能构成真正的婚姻。人们会质问,当法律以任何方式对待丈夫与妻子的关系时,总是说:"他将是你的主人",于是他便代表命令的一方,而她就成为服从的一方,在此情况下,是否违背了婚姻当事人平等的原则?如果这种法律上的优越地位仅仅是基于考虑到丈夫与妻子的能力相比,在有效地完成家业的共同利益方面具有自然优势;此外,如果丈夫的命令权仅仅是根据这种事实来作出的,那么,不能认为这违背了人类结合成双的自然平等的原则。因为这种权利可以从二人结合与平等的义务以及有关的目的之间的关系推断出来。

27. 婚姻契约的完成

婚姻的契约只有夫妻同居才算完成。两个不同性别的人的契约,如果附有秘密谅解,彼此避免同居,或者知道一方或双方没有性功能,这项婚姻契约就是冒充的契约,它不能构成婚姻,可以由任何一方决定解除。但是,如果在结婚之后才发生一方缺乏性功能,那么,这项契约的权利不能由于一件在法律上不能加以指摘的偶然事故而被宣告无效或认为没有约束力。

获得一个配偶(或者作为丈夫,或者作为妻子),不能根据二人同居的事实而不事前缔结婚约,便可以构成;也不能仅仅有了婚姻的契约而没有随后的同居,便可以构成。只有通过法律才能获得配偶:即作为一项法律上责任的后果。它是由两个人,仅仅根据彼此占有而结成一个性关系的联合体。这种相互占有,同时又仅仅是通过相互使用性器官,才能成为现实。

第二标题[1] 父母的权利(父母与子女)

28. 父母与子女的关系

从一个人对他自己的义务——就是对待他自身中的人性——于是产生一种对人权,加之于婚姻的一方,即不同性别的一方,作为人通过婚姻,真正地和互相地彼此获得对方。同样,根据这样建立起来的联合体中繁殖的事实,随着就产生保护和抚养子女(这个联合体的产物)的义务。因此,儿童作为人,就同时具有原生的天赋权利——有别于单纯的继承权利——而获得父母的细心抚养,直到他们有能力照顾自己为止。这种抚养责任,直接由法律[2]规定他们的义务,不需要任何专门法案对此作出决定。

由于父母生育出的是一个人,不能把一个享有天赋自由的人设想成为仅仅是经过一种物质程序产生出来的一个生命[3]。因此,在实际关系中,把传宗接代的行为看成是未经他本人同意,而把一个人带进了这个人间世界的过程,而且通过别人负有责任的自由意志把他安排在人间,这是很正确的,甚至是一种十分必要的观念。因此,这种行为加给父母一项责任——尽他们力所能及——要满足他们的子女应有的需要。父母不能把他们的子女看

① 德文版在“第二标题”前有一小标题:“家庭社会的权利”。——译者

② 这里所说的法律,应理解为道德法则或自然法。——译者

③ 康德在此加了一个长注,英译本把此注改为正文,即下一段的:“我们甚至无法理解上帝……”。——译者

成是他们自己的制造物,因为不能这样看待一个享有自由权利的生命。同样,他们也无权像对待自己的财产那样可以毁掉孩子,甚至也不能让孩子听天由命,因为他们把一个生命带到了人间,而他事实上将成为此世界的一个公民,即使根据权利固有的概念,他们已经不能对这个生命置之不理,漠不关心。

我们甚至无法理解上帝如何能够创造自由的生命;如果人们未来的一切行为都为已经为那第一次的行动事先所决定,于是,未来的行为便都包括在合乎自然规律的必然的链条之中,那么,他们不可能是自由的。可是,作为人,我们事实上是自由的,因为,通过道德和实践关系中的绝对命令,这种自由被证明是理性的一种权威的决定。可是,从理论的角度看来,理性当然不能把这种因果关系的可能性变成可以理解的,因为它们两者(自由和绝对命令)都是超感觉的。在这些情况下,理性所能提出的一切要求,将仅仅是去证明,在涉及创造自由生命的概念时,不存在矛盾。而这种证明也可以通过下述说明达到:当矛盾仅仅产生于时间的条件加上了因果关系范畴时,就会转化为超感觉的诸事物的关系。时间条件(如果指的是:一种结果的原因必须先于结果以作为它的前提),在考虑到可感觉对象的彼此关系时是不可避免的;还有,如果这种因果关系的概念,假如在理论方面具有客观的现实性,那么,此因果关系的概念不得不被认为是指超感觉方面的。可是,当这个纯粹范畴撇开任何感知条件时,就是从道德和实践的观点来运用时,这个矛盾便逐渐消失!因而,在一种涉及创造概念的非感知关系时,也不存在矛盾。

哲学的法学家不会认为这种研究(当这种研究要追溯到先验

哲学终极原则时)在道德形而上学中是一种不必要的微妙问题;或者当他在探索权利原则的最终关系中,考虑到维持公正的困难时,这种研究自身会消失在无目的的黑暗之中。

29. 父母的权利

由上面所指出的责任,便必然地进一步得出,父母必须有权去管教与训练他们的子女,因为子女本人尚无恰当地运用他的肌体(作为一个有机体)和心智(作为一种理解力)的能力。这就涉及对子女的抚养和关心子女的教育。一般说来,它包括在实际生活中所形成的和发展的功能,它可以使子女在未来生活中有能力维持自己并成长起来;此外,还有道德修养与发展,凡是忽略了这方面的父母都是有罪的。所有这些训练一直要进行到子女独立成人的时期,即子女自己能够谋生的年龄。到了这个时期,父母才可以实际上放弃他们发布命令的权利,同时也放弃了补偿他们以往的操心和麻烦的一切要求,因为这些操心和麻烦在教养工作结束之后就没有了。父母只能依据感恩的责任,可以向子女提出任何作为(对父母的)道德义务的要求。

从孩子们具有人格这一事实,便可提出:无论如何不能把子女看作是父母的财产,他们仅仅在下述意义上可以看作属于父母的,如同别的东西一样为父母所占有:如果当孩子被他人占有时,父母可以把他们的子女从任何占有者手中要回来,哪怕违反子女本人的意志。可见,父母的权利并非纯粹是物权,它是不能转让的。但是,这也不仅仅是一种对人权,它是一种有物权性质的对人权,这就是一种按物权方式构成的并被执行的对人权。

很明显,在权利的科学中,除物权和对人权两种权利而外,还必须添加上这一项“有物权性质的对人权”,否则,把权利仅仅分为前面两种是不完整的。因为父母对子女的权利,如果仅仅看作是一种物权,如同属于他们家里的一部分东西,那么,当子女逃跑时,父母不但能仅仅根据子女有返回父母身边的义务,把子女要回来,他们还有资格像对物件或者对逃走的畜牲那样,把子女抓回关起来。

第三标题　家庭成员的权利(主人与仆人)[1]

30. 一家之主的关系与权利[2]

一个家庭里的孩子们,他们和他们的父母构成一个家庭。当他们达到成年确实具备了自主的能力时,就成为自己的主人,即使没有一项契约把他们从原先的不独立的状态中解放出来。这种成年状态的到来,一方面是随着年龄的自然增长达到自然成年状态;另一方面是形体上的成熟,达到与他们的自然素质相符的状态。这样一来,他们仅仅依据法的观念便取得成为自己主人的权利,不用采取任何特殊的法律行为。他们对于父母为他们所进行的教育,不欠任何法律上的债务,正如在父母一方,现在也同样解除了对子女的责任,父母和子女双方于是获得或重新获得他们自然的

① 德文版无“主人与仆人”,这是英译者附加的。——译者

② 德文版把此小标题列在“第三标题家庭成员的权利”之下,“30”之后无小标题。——译者

自由。那个必须依据权利法则而组成的家庭社会也就因此而自然地解体。

可是,双方也可以决定维持这个家庭,但是要在另一种责任形式之下维持。可以假定是这样的一种关系形式:即一家之长的主人与其他成员作为家庭仆人(男的或女的)之间关系的形式;他们之间新的受制约的家庭经济关系可以由契约规定。家主(真正的或实际的)和子女们(他们已成为自己的主人)订立契约,如果这个家庭没有孩子,.就和其他一些自由的、构成这个家庭的成员订立契约,这样,便建立了一种家庭关系,它不是建立在社会平等之上的,而是一个人作为主人发号施令,其他人作为仆人服从命令。

这样,从一家之主看来,家人或仆人就是属于他的。至于他占有他们的形式或模式,他们好似根据物权属于他的,因为当任何人逃跑时,他有资格根据单方面的意志,把他们带回来重新置于他的权力之下。但是,就他的权力内容或者使用来看,他虽然有资格把这些人作为他的家仆,却没有资格把自己当作他们的所有者或者物主去对待他们,因为他们仅仅根据契约才服从他的权力,而凡是契约,总是有明确的约束条件的。一个契约,如果一方为了另一方的好处,放弃了他的全部自由,因而他不再成为一个人,也就不再有义务去遵守契约,这种契约便是自相矛盾的,所以它本身是无效的,作废的。至于有人因犯法而失去他的法律人格,因此而对他产生了所有权的关系,在此不作考虑。

这种一家之主和他的家人之间的契约不能是下面这种性质,即不能把合法地照契约使用他们变成对他们滥用权力。在这种情况下,什么是正当使用权力和滥用权力的判断,不能仅仅听家主一方的话,同样也应该听家仆一方的话,绝对不能把家仆拴起来工作,或者对他们进行人身奴役,像对待奴隶或农奴那样。因此,这样的契约不能以终身作为规定的期限,在任何情况下,只能是在一段时期中有效。在这段时期中,一方可以通知另一方有关他们关系的终结期限。孩子们,甚至包括由于犯法已经变成奴隶的人的子女,始终是自由的。因为每个人生来是自由的,一个人生下来时并没有犯过法,甚至到他成年时期的教育费,也不能算作他必须偿还的债务。因为,即使一个奴隶,如果他有能力,一定会教育他的子女,但并没有资格和子女计算教育费用,由于考虑到他没有能力负担这项职责,那么,该奴隶的占有人就要负起此责任,因为他已经使该奴隶本人处于无法去实现这种职责的境地。[①]

在这里,如同在前两个"权利"所说的那样,再一次明确地说明,在家主和家仆之间存在一种"有物权性质的对人权"。因为在法律上规定,当任何人占有他的仆人时,他有资格把他们要回来,好像他们是他的外在物。哪怕在可以让他们逃跑的理由面前;哪怕他们的特殊权力在此情况下,已经从法律的角度上加以研究过,主人仍有资格把他们带回家中。

① 德文版无"因为他已经使……"这半句。——译者

一切可以由契约获得的权利在体系上的划分

31. 契约的分类。货币和书籍的法律概念

有理由要求权利的形而上学科学，应该完整地和明确地决定这门科学的先验概念的合乎逻辑分类的各个分支，以便把它们组成一个真正的体系。另一方面，一切来自经验的分类仅仅是些片断的部分，它让我们处于不肯定之中，不知道还存在哪些部分内容需要寻找出来，使全部被划分概念的所有各方面达到完善。另有一种分类，它与只凭经验的划分法相反，是依照先验的原则来分类，可以称之为教理的分类。

每一项契约，从客观上来看，包括两个法律行为：允诺与对它的接受。经由后者而来的获得（除了这是一种“承担的契约”需要交付而外）不是契约的一部分，它是此契约法律上的必然结果。请再从主观上考虑，或者考虑这种获得（依据理性作为一个必然的结果，它应该发生），在事实上，作为一种物质上的结果，是否会必然随着发生。显然，我毫无把握或保证：仅仅根据接受一项允诺，这个获得将会必然发生。因此，需要有某些外在的东西和这种契约的模式联系起来，以便使此契约所规定的获得变得肯定。这只能通过某种因素去完成和决定这个必需的手段来达到获得，并以此来实现此契约的目的。为了和接受人联系以及为了他的利益，需要有三个人参与：允诺人、接受人和警告人或保证人。保证人的重要性是很明显的，但是，通过他的参与以及他和允诺人的特殊契

约，接受人并不能得到什么实物，只是一种强制的手段，让他能得到那些属于他所有的东西。

根据理性的逻辑分类原则，只应该有三种纯粹而简单的契约模式。当然存在无数的混合模式和经验中的模式，再加上法定的和习惯的涉及“我的和你的”原则的形式，这些形式都与理性的法则一致。但是，它们都被划在形而上学的权利科学范畴之外，只有理性的契约模式，才在这里加以说明。

一切契约都是建立在获得的目的之上，它们是：

1）无偿的（单方面受益的）契约，单方面获得；或者

2）负有法律义务的契约，彼此相互获得；或者

3）告诫的契约，没有任何获得，仅仅保证已经获得了的东西。这种契约对某一方来说可能是无偿契约，但同时对另一方来说是负有法律义务的契约。

1）无偿的契约有：

（1）保管，包括受托保管某种有价值的存放物；

（2）借用，借一物给他人使用；

（3）捐赠，一种无偿礼物。

2）负有法律义务的契约，或者是交换的，或者是租雇的契约：

（1）交换的或彼此交换的契约：

① 物物交易或者严格的真正的交换。以货易货；

② 买卖，为了钱而出卖货物；

③ 借钱或借物，指可以用同类物偿还为条件的借

用，例如借谷还谷，借钱还钱。

(2) 出租或雇用的契约[①]：

① 出租一物给他人去使用。如果这个物只能以**同类物**偿还，此物可能就是一项负有法律责任契约的对象，并考虑到此物的**收益**；

② 受雇去劳动。让他人按一定价钱使用我的劳力的契约，订此契约的工人是受雇的仆人；

③ 委托。委托契约是代替另一人并以另一人的**名义**，去执行某件事情的契约。如果这个行为仅仅是代替另一个人去做的，并不同时以另一人的**名义**，那么，这是**用不着委任的行为**；但是，如果一个行为要用他人的名义去做，这就构成**委托**，它作为代理的契约是一项**负有法律义务**的契约。

(3) 告诫的契约是：

① 抵押品。以一项动产作抵押品，它被存放起来作为保证；

② 保证人的责任。为了完成另一人的承诺而作出的保证；

③ 人身安全。在履行契约时，对人身安全的保证。

通过上面列出的各种模式，一个人的财产可以转让或过渡给

① 德文版有一注，说这是“应该负有责任的契约”。——译者

另一个人,包括为了这种转让需要的某些对象或者工具的概念。看起来,这些对象或工具完全是经验的,因此,它们是否可以有资格列入形而上学的权利科学好像还有疑问。由于在这样的科学中,它的分类必须依照先验的原则,而关于法律关系的内容(它可能是暂时的)应该撇开不去考虑,我们只应该去考虑法律关系的形式。

这样的一些概念可以用货币与所有其他作为商品和货物的可交换物之不同来说明;或者可以用书籍来说明。如果把货币和书籍作为说明的例子来考虑,那么,我们可以看出,货币的概念在商业交易中是所有人类通过物来交往的中介手段中,数量最大和最有用的手段,和书籍在交换思想中作为最巨大的手段一样,这些概念会自己溶化在一些纯粹智力和理性的关系中。很明显,这样的一些概念并不因为和经验的东西混合,而真的减弱了纯粹理性契约的既定体制的纯洁性。

用货币和书籍的概念来说明契约的关系[①]

(1) 什么是货币?

货币是一种物,只能在转让或交换中才能利用它。亚亨瓦尔给货币下了一个很好的词语上的定义,他的定义能充分地把含有这一类意志的对象和其他的对象区别开。但是,这个定义并没有给我们什么知识,能说明这样的一种物可以作为货币的合理的可

① 德文版无此标题。——译者

能性。可是,我们从这个定义中仍然可以了解不少内容:1)这种转让在人类相互交往中和交换的模式中不是看作赠送礼物,而是意在通过负有法律责任的契约去达到互相获得的一种模式;2)把它看作是进行商业活动的单纯手段(或媒介物),普遍地为人们接受的东西,但是它自身却没有什么价值,它和作为商品的东西或者货物相反,这些货物具有一种特殊的价值,能在人们中间满足特别的需要[①]。所以,货币代表所有可以交换的物品。

一蒲式耳谷物,作为满足人类的需要,具有最大的直接价值。可以用它来饲养牲畜,牲畜又会有助于我们的营养和交通,甚至还会替我们干活。因此,通过谷物这个手段,人们得到繁殖和维持生命,人们不但能够再生产这种自然物,他们还会通过其他人造物来解决我们一切正当的生活需要。于是人们能够盖房、做衣服,并提供种种巧妙的供人欢乐和享受的东西,这些东西又构成勤劳的产品。相反,货币的价值仅仅是间接的,它本身不能被享用,也不能起到直接被享用的作用。可是,货币是达到这些目的的手段,在所有的外在物中,它具有最高的用途。

根据上述的认识,我们可以暂时找到货币的真正的定义。它的定义可以是:货币是人们在彼此交换"互换物"中,继续维持人们勤劳的普遍手段。因此,自然界的财富(就它通过货币的手段去获得而言),恰当地说,仅仅是勤劳的总和或者是人们用来彼此补偿的实用劳动,它在人们中间流通时,用货币作为代表。

① 康德在这里已经意识到货币仅仅代表交换价值,而其他商品各具有其特殊的使用价值。——译者

那个被称为货币的物品，必须花费很大的勤劳才能产生出来，或者甚至把它放在别人的手里，它可以相等于那些用来交换的财物或商品或货物(包括天然的和人造的产品)所需要的勤劳或劳动。如果生产这种称为货币的物质比生产其他为人们需要的货物更容易，那么，在市场上，货币就会比准备出售的货物多。这样一来，卖方在他的货物上花费的劳动就必须比买者所花费的要多，卖者得到货币的速度加快，于是，一般地用在制造货物的劳动和勤劳，以及劳动的生产率(它是公共财富的来源)，都会同时缩小或降低。因此，银行的钞票和票据并不能看作是货币，虽然它们在一段时间内可以取代货币地位，因为人们差不多用不着花费多大努力便可以把钞票和票据生产出来。它们的价值仅仅建立在流行的舆论上：它们在未来仍如既往可以和现款[1]交换。如果一旦发现，无论如何，没有足够的现款可以保证这些钞票或票据方便地兑换，那么，舆论便不再支持它们，贬值就成为不可避免。于是，在秘鲁和墨西哥经营金矿和银矿的人—特别是他们考虑到，去寻找这些贵重金属新矿脉可能是没有结果的努力——很可能比欧洲生产货物的人要付出更大的勤劳。开矿的劳动在这种情况下就会被放弃，上面谈及的国家就会很快陷于贫困，除非是欧洲的勤劳，受到这些金属的刺激，同时均衡地扩大，向矿工提供奢侈的用品，以便经常维持矿工的工作热情。这样做了，勤劳与勤劳之间，产业与产业之间的平衡便始终可以得到维持。

为什么那些最初仅仅是商品或货物的东西，最后有可能变成货

① 应指金银等或铸币。——译者

币呢？这件事情的发生可能是这样：某个地方的君王是某一特殊物品大量而又有权势的消费者，最初，他为了把这种物品当作装饰品用来装饰他的仆人和宫廷，他便强令他的臣民进贡这一种金属。这类东西可能是金子或银子、铜或者一只美丽的称作“海蚆”一类的贝壳；或者，在刚果，却是一种叫做“马库特斯”的席子；或者，在塞内加尔，是一些铁块；或者是黑奴，像在亚几内亚海岸。当一国的统治者命令进口这些东西时，就不得不调动一些劳力去生产这些东西，并根据当时在市场上或在交换中所形成的某些商品规则，把这些劳动生产品作为支付给这些人的报酬手段。在我看来，仅仅是这样一类特殊的货物，才能被作为法定的手段，在该国臣民彼此交换中维持他们的勤劳的劳动；于是这种特殊的货物便构成这个国家财富的代表物。这种特殊的货物便因此在实际上变成了货币。

货币的理性概念（它也包含了经验的货币概念），就是这样的一种物的概念，它在公共交易的过程中，或者在占有物的交换中，规定一切其他构成产品或物品的价格，在其中甚至还包括科学在内，只要科学不是无偿地教授给别人的。货币的数量在一个民族中构成他们的财富。因为价格就是一件东西的价值的公共判断，在复杂的比例关系中，它成为公共的有代表性的媒介物，并在流通中完成勤劳或劳动生产品的互相交换①。这些贵重金属，当它们

① 商业繁荣的地方，既不用金子，也不用铜作为货币，它们不过是构成货物的东西，因为金子太少，而铜又太多，太容易被带进流通领域，于是有一度把前者分为很小的金块，用来支付特定的货物，而不是用大量的铜去换取很小的商品。所以，银子（多少掺入一些铜）在世界大量贸易中被用来作为货币的真正材料，并用以计算所有价格的尺码；其他金属（还有更多的非金属物质）只有在一种贸易有限的民族中取代银子的地位。——康德原注（而这段注在德文版中是正文。——译者）

不是仅仅根据重量,同时也刻上或加上标志表明它们值多少钱,这种金属块便成为法定的货币,并称之为铸币。

亚当·斯密说:“在所有的民族中,货币已经变成商业的普遍使用的手段,通过它的介入,所有各种货物都被带进市场销售或者彼此交换。”这个定义仅仅考虑在负有法律责任的契约中,彼此履行的必须具备的形式,并且撇开交换的具体内容,便把货币经验的概念扩大到它的理性观念上。因而,这个定义和权利的概念在“我的和你的”的交换和交易中,普遍地是一致的。因此,这个定义,和前面所说的先验契约的教义性划分提纲的说明是一致的,因而,一般说来,也和形而上学的权利原则是一致的。

(2)什么是书籍?

书是人们写出来的,它包含某人向公众所作的,通过可以看得见的语言符号来表达的讲话,这和书籍的实际外形无关,不论它是用笔写的或用活字板印刷的,也不论它是写成的或印成几页或许多页的。那个以他自己的名义通过书向公众说话的人是作者;那个把这部写作以作者的名义向公众介绍的人是出版人。当一位出版人得到作者允许或得到该作者的授权去这样做的时候(这种行为是与权利有关的),他是该书的合法出版人;如果他没有得到允许和授权而去这样做(他的行为是违反权利的),该出版人便是一个假冒出版者或非法出版人。一部原始文稿的全部印本或抄本的总数,称为一个出版发行量。

未经授权而出版书籍是违背权利原则的，应该依法禁止

一篇文章不是一种概念的直截了当的表达。例如，不像一位雕刻家所雕刻的一个人像，或者一个胸像，或者一个模型。书是用一种特殊的形式向公众讲的话；也可以说是作者通过他的出版人公开地作演说。同样，出版人通过印刷工人（作为他的工人）的帮助来说话，但不是以他自己的名义，否则他将变成该书的作者，他只是用作者的名义来出版；他是唯一有资格去这样做的人，因为他借助该书作者对他的委托取得这种权利。因此，未经授权的印刷人和出版人，乃是一个假拟的授权用其出版物来说话的，他也确实用了作者的名义，但他这样做却并没有得到作者的委托。因此，这种未经授权的出版物是错误的，是对被授权的和唯一合法的出版者的侵犯，因为，这等于盗窃了后者有资格和有能力去行使他正当权利的权利，并因此而获得了利益。那些未经授权而印刷和出版书籍的行为，应根据权利的理由加以禁止，因为这是一种冒充的和侵犯版权的行为。

看来，有这样一种印象，存在一种印刷和出版书籍的共同的权利。但是，只要稍微考虑一下，任何人必定认识到这种观点是极大的不公正。其理由可以直接从这个事实来说明：一本书，从一个角度看，是一种外在（或有形）的工艺产品，它能够为任何一个可以合理地占有一册此书的人所仿制，于是，根据物权他有仿制此书之权

利[1]。

但是,从另一个角度来看,一本书并不仅仅是外在物,而且是出版人对公众的讲话,他受该书作者的委托,是唯一有资格公开这样做的人,这就构成一种对人权。认为存在上述共同权利的看法的错误,产生于颠倒了和混淆了这两类权利和书的关系。

对人权和物权的混淆[2]

混淆对人权和物权的情况,也可以同样出现在对另一种租赁契约(见 31 节(2)之①),也就是对出租契约的不同看法中。问题产生于:如果物主(所有者)已经出售了他尚在出租的一间屋子或一块地,那么,该物主是否要在租借期满之前,必须在出售契约上添加继续租借的条件;或者应该认为“交易中断了租约”?当然要保留一段准备预先通知的时间,这是根据为人使用的那个东西的性质而决定的。按照第一种观点,房子或田地会被看作是负有责任的,并构成承租人对此物(房子)的物权;只要在出租契约上写上一条:万一需要出售出租物时,此租约继续有效或被认可,这个物权问题便可以完满实现。但是,由于这不是一个单纯的租借契约,应该严格地要求和另一契约结合起来,对这种事情,出租人都不大愿意这样做。于是“交易中断了租借”的命题便被认为是一条原则,因为对于作为财产的一个物件的全部权利超过所有的对人权,

① 在德文版中,下一段与此相连,并不分为两段。——译者

② 德文版无此小标题。——译者

两种权利是不一致的。但是,承租人依然存在一种行为的权利,根据对人权,他有权要求赔偿由于中断出租契约而产生的任何损失。

插入的一节　意志的外在对象的理想获得

32. 理想获得的性质与模式

我之称为理想的获得的模式,因为它没有时间上的因果关系,它仅仅建立在纯粹理性的观念之上。然而它是实在的,并不是一种单纯想象的获得;不称它为真实的,是仅仅由于这种获得的行动不是经验上的。这种行动的特点来自这样的特殊性:某人从另外一个人那里要取得获得物,但这另外一个人,或者是尚未存在,或者他只能被认为是可能有的人,或者他刚刚停止作为这样的人,或者他再也不是这样的人。因此,这样取得占有的模式只能看作是一种理性的单纯实践观念。

理想的获得有三种模式:

(1) 凭时效取得财产权的获得;

(2) 凭继承或接替他人的获得;

(3) 凭不朽的功绩,或者因为死于好名声而要求的权利[①]。

所有这三种获得的模式,事实上只能在有公共法律状态的社会中才能有效。但是,它们并不是仅仅建立在国家的宪法之上,或者建立在人为的法令之上的。它们早已先验地包括在自然状态这

① 据德文出版者注,后半句在第二版中是没有的。——译者

个概念之内,因而在它们的经验现象未存在之前必然是可以想象的。在国家的宪法中,关于它们的法律,应该依照理性概念的指示。

33. (1)凭时效的获得

我可以从别人那里取得的财产,仅仅是由于我长期占有它并使用它。这样的财产不是被取得的,因为我可以合理地假定,他的同意使得这种获得有效;也不是因为我可以假定:由于他没有反对我对此物的获得,就表明他已经停止或放弃把它作为他的东西。我之所以得到它,是由于:即使可能有任何人确实对此财产提出要求,说他是它的真正所有者,我可以根据我长期对该物的占有而拒绝他的要求,不考虑他过去的情况,并继续占有它,好像在我占有的这段时间中,他的存在仅仅是一种抽象的东西,尽管我可能后来已被告知有关他的存在和要求。这种获得的模式,如果称之为由于长期使用而来的获得是不大正确的,因为拒绝所有他人的要求会被看作仅仅出于时效的结果,而且,获得的过程必须在行使这种拒绝的权利之前完成。这样一种获得模式的理性的可能性,现在已经被证实了。

任何人,如果他对一物不做出持续占有活动,去表明他有充分权利被认为该物是他的,那么,他根本就没有作为该物的占有者存在过。只要他没有为自己取得该物占有者的资格,他就无权控诉受到侵害。当另一个人已经占有了该物,即使他后来提出对该物的要求,他只不过说他曾经一度占有过它,而并不是现在仍然占有它;或者他的占有,作为一件法律事实,也并非一直继续从未中断过。因此，只有一种占有的法律过程，此过程一直被保持着未曾中断过，并且通过文件记载的事实可以证明，这样的人在长期停止使用一物之后，仍能够为他自己保证该物为他所有。

因为这里假定，他忽略了去做这种占有活动而又不影响到别人承认他的占有到现在为止是合法的、无可争辩的、善意的，他有无可否认的权利继续占有该物，于是，他可以把该物看作是在他的占有之中，如同被他获得的那样，这样一来，没有什么获得能够变成最后决定的和有保证的了，一切获得将仅仅成为临时的和暂时的。很明显，在人间找不到任何历史记载，证明对一种（占有）资格的探究，必须要追溯到最先的占有者和他的获得行动。那个凭时效而获得赖以建立的假设，不仅仅与作为被允许的和公正的权利相一致，而且这种获得成为权利的假设，以及这种获得是想象的假设也和强制的法律相一致。任何人，有一段时期，如果他忽略了把他的占有行动在文书中加以注明，那么，他就已经失去要求继续是占有者的权利；至于他忽略了去这样做的时间有多长（对此不必要作特殊的限制），只要能肯定这种忽略便够了。如果要维持一个到现在尚不为人们所知的人作为所有者，而且他的占有行为至少已经被中断了（不论这是否出于他自己的过错），他仍然能够在任何时间重新获得该物，这便与法律上的实践理性的公设相矛盾，因为，这样一来，就使得一切所有权都成为不肯定的了。

但是，如果他是一个政治共同体的成员或公民联合体的成员的话，这个国家可以代替他保留他的占有权，虽然这种作为私人的占有可能受到中断。在这种情况下，实际的占有者将无法去证明他获得的资格，哪怕是来自最初的占领，或者是根据时效而取得的资格。可是,在自然状态下,时效却普遍地是一种公正持有的根据,虽然作为获得一物的法律模式却是不合适的,但是可以作为一种根据去保持持有者的占有,因为在自然状态下不存在法律的行为,对法律要求的一项解除,通常也称之为获得。占用时间较长久的占有者,由于长期使用而来的获得的资格,则属于自然权利的领域。

34. (2)凭继承的获得

继承的构成,是由某一个将要去世的人,把他的财产或货物转交给一个生存者,并经过双方意志的同意。继承人的获得(他取得遗产)和财产人的放弃(他让出财产),这两项行为便构成"我的和你的"的交换,它们同时发生——立遗嘱人生命停止的时刻。因此,从经验的角度看,不存在什么转让的特定行为。因为经验的转让包括两个相继发生的行为,一个人首先放弃他自己的占有,而另一个人则随之相应地取得这个占有。由两个同时发生的行为构成的继承,是一种获得的理想模式。在自然状态中,如果继承没有遗嘱是不可想象的。但是有个问题,这种获得的模式,是否被认为是一种**继承契约**,或者是**通过遗嘱**,**构成一个继承人的单方面的行为**。这个问题的解决取决于下一个问题,是否和如何在同一时期内,一个临死的人能够把他的财产转移给另一个人。因此,由继承而获得的一种模式如何成为**可能的**问题,必须独立地考察各种可能的形式,找出一种在实际生活中被采用的,并且是一种只能在共同体中存在的形式。

"通过一项遗嘱规定的转让,被规定或被指定的继承人的获得是可能的。”如果立遗嘱人凯厄斯允诺在他最后的遗嘱中宣布，他死后把他的财产转让给蒂希厄斯（后者对此允诺毫无所知），那么在凯厄斯有生一日，他仍然是该财产的唯一的所有者。可见，仅仅是单方面的意志行动，事实上什么东西也没有转让给他人，因为在允诺一方之外要求再加上接受的一方，此外，在这里尚缺乏两方面同时发生的意志行动。因此，只要凯厄斯活着，蒂希厄斯就不能为了去获得遗产而特意表示接受，因为凯厄斯只承诺在他死后，财产才能转移，否则，该财产在一段时间内至少是共同占有的，而这并非是立遗嘱人的意志。无论如何，蒂希厄斯心照不宣地获得一项特殊的、对继承物（作为物权）的权利。这种特殊权利是由有资格去**接受**该遗产的单独的和排他性的权利所构成，因此，这笔遗产在这个时间被称为“无继承人的遗产”。现在，每一个被指定的继承人，通过遗嘱必定总是有所得而绝不会有所失，他必定会，虽然是心照不宣地接受这样的一种权利，正如蒂希厄斯在凯厄斯死后通过接受那个允诺而成为继承人，于是他便可以获得这笔遗产一样。与此同时，该遗产并不是完全没有所有者，不过，这个所有者仅仅是**未定的**或空缺而已，因为他完全有选择的权利去决定是否真的把遗赠的财产变成他的所有，或者不去接受这笔遗产。

因此，根据单纯的自然权利，遗嘱是有效的。这种主张无论如何可以被理解为，当一旦建立了文明状态的时候，立遗嘱可以并值得在文明状态之中加以推行并订为法律。因为，在文明状态中，只有公共意志才能够维持继承的或后裔的占有，尽管这种占有尚有接受和拒绝这种悬而未决的问题，特别是它属于谁亦无固定。

35. (3)一位好名声的人死后继续存在的权利

一个人死了,在法律的角度看,他不再存在的时候,认为他还能够占有任何东西是荒谬的,如果这里所讲的东西是指有形物的话。但是,好名声却是天生的和外在的占有(虽然这仅仅是精神方面的占有),它不可分离地依附在这个人身上。现在,我们可以而且必须撇开一切自然属性,不问这些人是否死后就停止存在或继续存在,因为从他们和其他人的法律关系来考虑,我们看待人仅仅是根据他们的人性以及把他们看作是有理性的生命。因此,任何企图把一个人的声誉或好名声在他死后加以诽谤或诬蔑,始终是可以追究的,纵然一种有充分理由的责备也许可以允许提出来——因为,"不要再说死者的坏话,只说死者的好事,"这句格言,只有在这种情况下是不适用的。因为对一个不在场的人和不能为自己辩护的人散布许多责备,令人看来至少是缺乏宽宏大量的。

可是,由于一个一生无可指责的人,死后也应该受到尊重,那就要承认,这样的一个人可以(消极地)获得一个好名声,并构成某种属于他自己所有的东西,纵然他在人间已不能再作为一个有形的人存在了。还可以进一步认为,他的后代和后继者——不管是他的亲属或不相识的人——都有资格去维护他的好名声,好像维护他自己的权利一样。理由是,这些没有证实的谴责威胁到所有的人,他们死后也会遭到同样对待的危险。既然一个人死了仍然能够获得这样一种权利,即使这是个别事例,但总是一件无法否认的事实,这个事实说明先验的制定法律的理性,把它的命令或禁令扩大到超出现实生命的界限。如果有人对一个死者散布指责,使死者像活着的时候那样遭到不名誉的损失，或者甚至把他说成是卑鄙的人，那么，任何人，如果他能够证明这种谴责是有意诬蔑和伪造的，他就可以公开宣布此人是对死者造成不名誉的中伤者，并转而责备此人为不公正的人。这种观点会不为人们所接受，除非在法律上假定死者虽然已死，却可以由于这种谴责而受到损害；并且还假定，向死者道歉是对死者一种公正的补偿，虽然他早已不在人间。为死者作辩护的人，用不着要求授予这种行为的资格，因为每个人必然地也为他自己提出这样的抗议，这不仅从伦理上看是一种道德义务，而且还是属于他的人性方面的权利。这个辩护人也用不着陈述因为向死者添加污点而对他个人产生的损害，而且这种损害由于他是死者的亲朋还会自然增加，他并非出于上面的理由才有理去指责那些对死者的非难。这样的一种理想的获得模式，甚至当一个人死后也有反对活着的人的权利，确实是有理由的，因此是不容争辩的，虽然这种权利的可能性不能用逻辑推论出来。

有什么根据可以从上述的情况中引导出一些不切实际的推论，用以预测未来的生活，以及对已离开躯体的灵魂作无法为人察觉的联系。由于对这项权利的考虑结果，人们所发现的不是别的，仅仅是纯粹道德的和法律的关系，这种关系存在于人们中间，以至存在于现实生活中有理性的人们中间。抽象就是撇开一切存在于空间和时间的那些有形的具体条件，于是，考虑人时，就逻辑地把他和附属于人体的那些物质因素分开，这并非指他的确实有被解除这些特性时的状态，而仅仅指作为灵魂来看，在这种情况下，他们有可能确实受到中伤者对他们的伤害。正如一百年以后，任何人都可以编造一些假话来污蔑我,像现在中伤我一样。由于在纯粹法律的关系中,我所说的权利完全是理性的和超感觉的,是撇开时间的物质条件的,所以诽谤者应受惩罚,正如他在我还活着的时候对我侵犯一样,只是这并不按刑事程序来惩罚,而仅仅是由于他失去廉耻而可能引起别人的损失,并且这是通过公共舆论,根据"报复法则"给他的惩罚。甚至对一个已故作家的剽窃,虽然没有玷污死者的名誉,仅仅是盗用了他一部分财富,那也应正确地被认为损害了该作家的人权。[①]

第三章　由一个公共审判机关判决书中所规定的获得

36. 依照公共法庭的原则,什么是主观规定的获得?如何规定?

自然权利,它被简单地理解为不是法令所规定的,是纯粹先验地被每一个人的理性可以认识的权利,包括分配正义和交换正义。很显然,后一种正义,由于它所构成的正义其有效性是在二人之间,彼此发生往来的相互关系中,必须属于自然权利。分配正义也是根据同样的理由来论证,由于分配正义能为人的先验所认识,所以也是一种自然权利。有关这方面的决定和判决必须由自然权利的法则来调整。

一个法人,如果他主持有关正义的事宜并加以执行,他就被称

① 这一段在德文版中是一个长注。——译者

为正义的法庭，他从事的公务程序就叫做审判制度，对某一案件所作的判决叫做判词。在这里，根据权利的理性条件，这一切都被看作是先验的，不考虑像这样的一个社会是如何具体地建立和组织起来的。在这方面，还需要有专门的法令以及相应的经验的原则。

因此，从每个人必须通过理性的判断去加以决定的这个意义来看，这个问题不仅仅是“权利自身是什么？”它还是：“在这个案件中引用的是哪种法律？”也就是，“在一个法庭看来，什么是正确的和公正的？”理性的观点和法律的观点由此而区分开。这里有四种情况，在其中，有两种判断形式的观点不一致并且彼此冲突。但是，这两种判断也可以彼此并存，因为它们是从两种不同的观点中（然而各自又都是真实的）推断出来的：一个是从私法的角度；另一个是从公法观念的角度。四种情况是：(1)捐赠契约；(2)借贷契约；(3)真正重新获得的行为；(4)誓言的保证。

法学家在这里有一个通病，就是陷入一种谬误，用一种默认的假设来处理这个问题。他的做法是，假定法律原则是客观的和绝对的，公共的正义法庭有资格，甚至为了它自己的好处，会必然采纳这种法律原则，并且仅仅从这种主观的意图出发，法庭认为它有资格去决定和判决所有属于个人的权利[①]。因此，设法使这种区别为人所理解，并引起人们对它的注意并非小事。

① 德文版在这里还指出“法律原则与个人权利有很大的区别”。——译者

37.(1)捐赠契约

捐赠契约,表示把属于我的一物或权利无偿地转让。它包括以我作为捐赠人的一方,另一人作为受赠人一方,按照私法原则发生关系。通过这个契约,我的东西便转移到后者之手,他把它作为一种礼物来接受。可是,这不能因此假定我有意约束自己强迫自己去遵守我的诺言;也不能假定我就此无偿地放弃我的自由,也可以说,竟然达到不顾自己的程度。"没有人会对自己置之不顾的。"根据权利的原则,这种情况倒是可能在文明状态中发生,因为在某种情况下,捐赠这件事中的受赠者能够强迫我去履行我的允诺。如果这件事出现在法庭上,根据公共权利的条件,就必然会有两种设想的结果,要么捐赠人已经同意这种强制[①];要么法庭在判决书中不去考虑他是否有意保留原来的权利而撤销他的允诺,只是仅仅提到已经肯定的事情,即捐赠一方的允诺条件和接受一方的条件。虽然允诺人一方因此认为——这是易于被假定的——他并不必然地在任何情况下都受他自己允诺的约束,如果他在没有实际履行允诺之前"后悔"了,而法庭又假定如果他心中有此想法,他应该明确地表示他保留了自己的权利。如果他没有作出这种保留的表示,那就被认为他可以被强迫去履行他的允诺。这是法庭所假定的原则,否则,正义的执行职能将受到无穷的阻碍,甚至成为完全不可能。

① 德文版在这里还有"这是荒唐的"一句评语。——译者

38. (2)借贷契约

在善意借贷契约中,我让某人无偿地使用我的东西。如果借用的是一件东西,缔约各方同意,借方将要把原物归还到借出人权力之下。但是,接受这个借贷的一方,不能同时假定借出该物的物主会自主承担该物的任何损失,或者让它丧失其用途,而且,这些情况可能都是该物已经交给接受人之后发生的。因为这种契约不能自然地被认为该物的物主,除了该物的用途(他已把此物的用途让与接受人)以及与这种用途有不可分的损耗都不计较而外,他还保证和担保制止在使用该物的过程中可能发生的一切损害。相反,为了这个目标不得不订立一项特别的附属契约。可见,唯一可能发生的问题是:"借出人或借用人,是不是有责任附带说明承担该物可能发生的风险的条件;或者,如果双方都没有这样做,那么,双方中的一方被假定同意或认可,要担保借出的东西最后要归还原物或它的等价物呢?"当然要,但不是借出人一方,因为不能假定他"无偿地同意"的意思会超过使用该物的范围。因此,不能假定他必须承担他的财物的损失。相反,我们可以假定应该由借用人承担此风险,因为他由此所承担和要做的事并没有超出契约所包含的范围。

例如,遇到大雨,我走进一个人家借用一件雨披。可是由于不慎,使它和一些颜料接触,[①]结果这件雨披在我手中这段时间内被弄脏了;或者,当我走进另一个人家时把它放在一边,被人偷了,在

① 德文版中还指明是"从窗户洒下来的颜料"。——译者

此情况下,如果我坚持我对此雨披并无更多责任,只要把弄脏了的雨披归还它的主人便算了事;或者在后一种情况下,我只要说明它被偷了就算了事,那么,谁都会认为这个说法是非常荒谬的。因为这样一来,物主所能得到的,只不过是对他的损失表示几句有礼貌的同情话而已,他不能根据权利和理由提出任何补偿的要求。事实刚好相反,除非是当我借用一物时,由于我很穷,万一此物在我手中遭到什么损坏无力赔偿偶然的损失,我便事先说明要解除自己应承担的一切责任。没有人会认为这种声明是多余的或是荒谬可笑的,除非借方被认为确实是个富有且乐于助人的人,否则,在这种情况下,如果借用一方不能按照万一借用物遭到任何损坏时,便应该爽快地赔偿的这一假定办事,那么,这差不多是一件耻辱。

根据这种契约的性质,对借出物可能遭到的损坏,不能在这种协议中明确地规定。善意契约就是一种不确定的契约,因为对"同意"只能作上面那样的假定。在任何情况下,判断任何偶然的损失必须由谁来承担的问题,不能从契约自身中的条件来决定,它只能由审判此事的法庭所采用的原则来判断。法庭也只能考虑在契约中哪些是确定的规定,而唯一能确定的始终是把该物作为财富来占有的事实。那么,在自然状态下所能通过的判断,和在文明状态中由公正法庭所作的判断会有所不同。从自然权利的角度来判断,将取决于该物内在自然的性质,它会这样来规定:"如果损坏来自借出物自身自然增加的原因,则由借用人承担";而在文明状态的法庭的判决书中会这样规定:"损坏由借出人承担。"后一个判断不同于前一个作为单纯合理的理性判决,因为公共判断不能建立在双方可能怎么想的假定上。因此,那一方,如果他未曾通过特别附属的契约免除承担该物的一切损失时，必须承担这种损失。所以，下列两方面的差异是一个重大的问题：一方面是，法庭必须作出的判断；另一方面是，各人通过他个人的理性，都有资格把该物占为己有的形式。在考虑法律判决时不应忽视这种差异。

39. (3)再取得失物的权利

从上面已经说过的就可以清楚地看出，我的一件东西可以继续为我所有，虽然我可能并不持续地占有它。如果我没有放弃或转让行为，该物仍归我所有。此外，很明显此物的权利（物权）最终是属于我的，它反对任何人占有它，并不仅仅反对某一特定的人占有它。现在的问题是，如果我没有采取任何方式表示放弃它，虽然该物现在仍为他人所占有，那么，我的所有权是否必须为其他的每一个人承认这是财富本身的连续性的权利。

一件东西可能丢失，于是在一种正直的、作为假定的"发现"方式中落在另一人手里，或者它可以经由当时此物的占有者，通过正式的转让而回到我的手中，此占有人同时还宣称他是此物的所有者，虽然实际上并非如此。以后一种情况为例，问题在于，既然我不能从一位非该物所有人的手中获得此物，是否我就事实上被取消了对此物的一切物权，而只有对人权，反对不正当的占有人？显然是如此，如果对这种获得仅仅从该物的内在的合理根据来判断，并且从自然状态的角度去考虑，而不是根据一个公共法庭的方便去考虑。

任何可以转让的东西必须是能够为任何人所获得的。可是，获得的合法性却完全决定于获得的形式，其过程是，把别人所占有的东西转让给我，并为我所接受。换言之，公正的获得取决于该物的占有者和获得者之间的交往，或者相互交换的法律行为的仪式，用不着去追问占有者为什么要转让。因为这样做的本身就会成为一种侮辱，其理由是：任何质问都要得当。例如，我买得一物，现在假定发现，这个占有者并非是该物的真正的所有者，我不能认为真正的所有者有资格要求我负直接责任，或者真有资格追究任何可能持有此物的人，因为我本人并没有从他那里取走任何东西。例如，当他的白马在公共市场被标价出售时，我按法律所规定的手续买了它，获得的资格便无可指摘地是属于我的；我作为买者，并没有被规定甚至也没有权利去追究售货人的资格问题。因为这种追究的过程会成为一系列的无穷尽的追究过程。由于这些理由，在这种正常和正式的买卖中，我不应该仅仅被认为是假定的，而是这匹马的真正的所有者。

可是，立刻出现下面的法律原则反对这种主张。任何一个来自非该物物主的获得，都是无效的和作废的。我不能从任何另一人手中得到任何多于他自己正当拥有的东西；虽然从获得的形式看，例如当我在市场上买了一匹被偷来的马时，我是依照一切有关法律的条件办事的，可是，还缺少一个真正的资格来保证这个获得，因为这匹马并非真是卖者的财产。结果，在此情况下，我可能是一物的真诚的占有者，在事实上，我仍然只是一个假定的所有者，因为真正的物主尚有再取得失物的权利来反对我的获得。

如今，还可以问，从人们彼此交换中——从自然状态的角度看来——根据交换的公正原则，一个外在物的获得，这事本身有什么权利和公正之处？在这种情况下，人们一定会承认，谁打算要获得一物，就绝对有必要去探究他所想取得的这个物是否并非已经属于他人。即使他认真地遵守要求做的正式手续办事，他可能占有一件可能属于他人的财物，例如在市场上按照通常规定买了一匹马，于是，他至多只能获得对此物的对人权关系，因为到此为止，他尚不知道卖者是真正的物主或者有可能不是真正的物主。因此，如果一旦有人出来，并有文件证明对该物有优先的财产权，那么，对这位新的所有者来说，现在他就一无所剩了，到那时，他只能得到作为一位真诚的所有者应得的好处。现在通常不可能在一系列假定的所有者中，发现谁是该物的第一个绝对的原始所有者，他们是一个传一个地占有该物。所以，仅仅是外在物的交换，哪怕是非常出色地按公正的正式交换条件办事，也不一定能保证绝对可靠的获得。

在这里，制定法律的理性，带着分配公正的原则再次出现了。这个原则被采纳为占有的公正的标准，它不是指在自然状态下每个个人的私人意志本身，它仅仅是在文明状态中公正法庭是如何考虑作判决的，此判断是由所有人的联合意志构成的。由于这种关系，完成了获得的正式条件（这只能算确定了对人权）就被假定为满足了必要的要求。这些条件起到了作为物质条件的作用，于是买方从前一个假定的所有者那里恰当地确立了财产的派生物，一直到取得那个仅仅构成对人权的自身的东西，并在法庭上取得物权的效果。这样，当我买的那匹马在公开的市场上出售时，根据市民法规定的条件买的，如果在转让中，我依照买卖的一切条件，已经确定地办齐了，那么该马便成为我的财产。但是，始终存在一种保留情况，即真正的物主依然有提出反对那个卖者的权利。理由是，他有优先的未转让的占有权,否则,我的对人权便会因此而转变为物权。根据物权,无论我在什么地方发现这匹马,我可以拉住它并证明它是我的,用不着对卖者曾经如何占有此马的方式负责。

因此,在法庭中,根据作出法律决定所需要的方便,有关此物的权利就不被看作是对人权,而被看作**在此物自身中的**物权,因为这个物权是最**容易地**并**明确地**被判断的。这种判断就是根据接受和运用的纯粹先验的原则。根据这个原则,便可以制定各种法令。这些法令专门规定一些条件,只要依照这些条件去做,这个获得的模式便是唯一合法的。这样,法官便可以尽可能**容易地**和**确定地**判定每一个人应有的东西是些什么。因此,俗话说"购买中断了租借",意味着根据事情的性质,所谓物权——即那个租借——仅仅被当作对人权来使用。而在上面所举的例子中,情况恰恰相反,原来本身只是对人权却取得了物权的效果。之所以会这样,只是因为当事情发生在文明状态之下时,公正的法庭所遵循的指导原则要求在对个人的权利进行判断时,尽一切可能做到谨慎稳妥。

40. (4)来自誓言保证的获得

只有一种理由,而根据这种理由人们可以主张:人们所受到的约束,在法律的关系方面与**信仰**和承认存在许多神或者一个上帝有关,这就是他们可能发誓的原因。他们出于害怕那洞察一切的上帝(最高权力)的报复,所以,为了他们自己必须庄严地祈祷,如果他们的供词有假,他们便强迫自己忠于说过的话,并实现自己的诺言。如果仔细观察这种做法的过程,便可以发现人们发誓并不是出于道德的原因,而仅仅出于盲目的迷信。很明显,这意味着在法庭面前，一种单纯庄严的有关权利的声明，不能企望在这种声明中取得任何确实性。虽然诚实的义务当涉及人们中间最神圣的事情（即人的权利）的时候，必须始终表现为不用证明（自我证明）的义务。于是请求偿还的权利不得不建立在神话或偶然的动机上，以作为想象的保证。所以，在雷简人中间（他们是苏门答腊岛上一个不信伊斯兰教的异教民族），根据马斯顿圣书，他们习惯于对着死去的亲属的骨头发誓，虽然他们并不相信死去的人还活在另一个世界里。例如几内亚的黑人对着他们的偶像（用鸟的羽毛造成的）来起誓，他们向偶像祈祷，因为相信它会扭断他们的脖子。还有其他的例子。上述这些例子，出于一种看不见的力量——不管它是否有理解能力——通过那些天然具有神奇的力量，誓言就能够实现。这样的信仰——一般称之为宗教，但应该叫它是迷信——却是和公正的执行不可分割的。因为，不加上这些做法，人们就不会说真话，公正的法庭就没有适当的手段去查明真相，并去决定权利的问题。所以，规定一项有发誓责任的法令仅仅是出于法律权威的方便。

但是，问题发生在什么样的责任能够建立在这样的基础之上，它能够约束每一个人在公正的法庭面前，都接受他人的誓言作为一种权利，以及相信他说的话是真的、有效的，因而一切争端都告结束。换言之，什么东西能在法律上迫使我相信，另一个人所发的誓言具有任何宗教成分，于是我应该信服他的誓言，或者把我的权利取决于他的誓言？根据同样理由，倒过来，我自己真的能够被约束去发誓吗？很明显，这两个问题都说明它的本身在道德上是错误的。

可是，在与公正法庭的关系上——一般地说，在文明状态中——如果假定在某些情况下,没有比宣誓更好的办法去获得真情,那就必须采用这种办法。至于宗教,假定人人都信仰,它可以作为必需的手段被利用,以便有利于公正法庭的合法程序。法庭利用这种精神强制形式作为一种手段,那是因为它符合人类迷信的倾向,为的是弄清楚被隐藏的东西,因此,法庭认为它这样做是正当的。可是,立法权力把这种迷信的威力引进司法的权力之中,是一种带根本性的错误,因为,即使在文明状态下,任何强制人们去发誓的做法都是和人类不可剥夺的自由相冲突的。

官吏的誓言(它一般是诺言)是当他开始进入一个政府机关时所作的,目的是促使他真诚用心地去执行职务。这种誓言可以改成宣言式的誓言,在真正任职之后一年或者更长点的时间后举行,让官吏发誓要在任职期间忠于职守。这样的做法,也许会比那种允诺性的誓言在行动上更有诚意,因为那种允诺性的誓言常常为内在的借口留有余地,使发誓人可以用最诚意的姿态表明,那些在执行公务中出现的困难是无法预料的。此外,失职行为,有被未来的监督官去搜集的可能,那时候受到的指责给他带来的不安,将要比把那些失职的事情仅仅一件跟一件地被指出来又被忘掉所带来的不安更多。

由于发誓是涉及信仰的事情,很明显,这样的誓言不能由法庭提出要求来。(1)首先,因为它自身包含着矛盾。这样的信仰,作为意见与知识之间的中间物,人们可以对它打赌而不能发誓;(2)其次,一位法官,为了弄清楚与他自己意图有关的任何事情,或者甚至是与公共福利有关的事情,而强制别人作出一项迷信的誓言,他就犯了大错,因为这是要求发誓人违背了本人的良心去发誓。这样做就涉及两方面：一方面，它助长了人心的轻率[①]；另一方面是良心的刺激，这使得一个人必定会感觉到，一个人，今天根据某种观点很重视某件事情，明天又根据另一种观点，很可能发现此事情是很不确实的。所以，任何人，他被迫去作一次这样的发誓，就要准备承受一次损害。

从自然状态的"我的和你的"过渡到一般法律状态的"我的和你的"

41. 公共正义（公正）与自然状态及文明状态的关系

法律状态是指人们彼此的关系具有这样的条件：每个人只有在这种状态下方能获及他所应得的权利。按照普遍立法意志的观念来看，能够让人真正分享到这种权利的可能性的有效原则，就是公共正义。公共正义可以对各种对象（把它们看作是意志活动的对象），依据法律被占有的可能性或真实性，或必要性等等关系来考虑。这样可以把公共正义分类为保护的正义、交换的正义和分配的正义。在第一种正义的模式中，法律仅仅说明什么样的关系，在形式方面内在地是正确的；在第二种正义的模式中，法律说明什么东西在涉及该对象时，同样是外在地符合法律的，以及什么样的占有是合法的；在第三种正义的模式中，法律通过法庭，根据现行

① 在这里还有一句话："这样一来，法官就破坏了自己的意图。"但只在德文第一版中有，而第二版中没有，所以英译本中也没有这句话。——译者

法律,对任何一个具体案件所作的判决,说明什么是正确的,什么是公正的以及在什么程度上如此。在后一种关系中,公共法庭被称为该国家的正义。至于实际上这种公共正义的执行是否真的公正,可以看作是所有法律效益中最重要的问题。

无法律状态是指一种没有分配正义的社会状态,通常称之为自然状态,这不是如亚亨瓦尔所说的社会状态。因为,这种社会状态可能是一种人为的状态,不同于"自然的"状态。与自然状态相对立的是文明状态,因为这种社会是建立在分配正义之上的。在自然状态中,也许甚至还存在法律意义上的社会形式——例如婚姻、父母的权威、家庭等等。可是,这些社会形式,无论如何都还没有任何先验的法则作为一种必须遵守的责任,规定"你必须进入这种状态";但是,对于法律的状态,则可以这样说:"所有的人,如果他们可能甚至自愿地和他人彼此处于权利的关系之中,就应该进入这种状态。"

自然的或无法律的社会状态,可以看作是个人权利(私法)的状态,而文明的社会状态可以特别地看作是公共权利(公法)的状态。在第二种状态中,人们彼此相互间的义务,并不多于和异于前一种状态下可能设想到的同样性质的义务,个人权利的内容在这两种状态中其实是相同的。因此,文明状态的法律,仅仅取决于依据公共宪法所规定的人们共存的法律形式。在这方面,这些法律必须被看成和被理解为公法。

严格地说,这个文明的联合体不宜称之为社会。因为在文明的社会组织中,统治者和臣民之间通常是没有社交来往的,他们并不是联合伙伴,在一个社会中彼此平等地联合起来,而是一方听命于另一方。[①] 那些可以彼此平等共处的人，必须认为彼此是平等的，因此他们遵守共同的法律。这个文明联合体与其被看作是一个社会，毋宁把它看作是正在形成一个社会。

42. 公共权利的公设[②]

根据自然状态中个人权利（私法）的诸条件，就可以得出公共权利（公法）的公设。它可以这样表达："在不可避免的要和他人共处的关系中，你将从自然状态进入一个法律的联合体，这种联合体是按照分配正义的条件组成的。"这个公设的原则，可以从分析外在关系中权利的概念而加以阐明，它和单纯作为暴力的力量是截然相反的。

一个人没有责任去避免干涉别人的占有，除非别人给他一种互惠的保证，保证同样避免干涉他的占有。鉴于别人的敌对意图，他无需等待生活经验为他证实这种保证的必要性。因此，他没有责任去等到自己付出代价来获得这种实际的精明知识。他可以从自己身上认识到，他也具有那种要当别人的主人的自然倾向，当他们觉得在使用强力或欺诈方面比别人高一等时，就想去指挥别人，从而忽略了别人的权利要求。所以，一个人用不着亲自领略那种真正敌视的令人难受的经验。每个人，从他第一次有资格对那些出于他们的本能已经在威胁他的人，行使合法的强制权时开始，就

① 德文版尚有"并非平起平坐的"一句。——译者

② 本书英译者黑斯蒂在1887年的译文中用的是"个人权利"和"公共权利"。1911年美国波士顿出版的康德的《永久和平》中，改为"私法"和"公法"，在许多情况下，后一种译法更为确切些。——译者

会得到这样的知识。

只要人们有意继续生活在没有外部法律的、任意自由行动的状态中，就可以说根本没有什么对别人做错了或不公正的事情，即使他们彼此进行格斗。因为那些对某人合适而应该做的事情，对另一人也会同样有效，好像是经过彼此商定了似的。可是，一般说来，他们如果尚处于并有意地处于没有法律的状态，他们被认为是处于最严重的错误状态之中。[1] 因为，在这种状态下，没有人能够安全地占有他自己的财产，能够抗拒暴力的侵犯。

要区分什么是形式上的错误以及什么是内容上的错误和不公正，就常常会发现要运用权利的科学。一个敌人，当他占领一个被围困的要塞，不执行投降条件，虐待从要塞开拔走的士兵或者违反共同协议，如果在另一种场合下，他们也受到同样的对待，那么，他们就不能埋怨受到同样的伤害或不公正。事实上，所有这样的行为，从根本上说都深深地陷入到最大的错误和最不公正的犯罪之中，因为他们使权利概念的有效性丧失殆尽，放弃了一切，使用野蛮的暴力，如同行使法律自身一样，其结果是普遍地推翻了人的种种权利。

① 在德文版中，康德这里有一个长注，英译者移作正文，即为下一段。——译者

第二部分

公共权利(公法)

那些需要公布的法律体系在文明社会中权利的原则[①]

43. 公共权利的定义与分类

公共权利包括全部需要普遍公布的、为了形成一个法律的社会状态的全部法律。因此,公共权利是这些法律的体系,公共权利对于人民(作为组成一个民族的一批人)或者对于许多民族,在它们的相互关系中都是必须的。人民和各民族,由于他们彼此间的相互影响,需要有一个法律的社会组织,把他们联合起来服从一个意志,他们可以分享什么是权利。就一个民族中每个人的彼此关系而言,在这个社会状态中构成公民的联合体,就此联合体的组织成员作为一个整体关系而言,便组成一个国家。

(1)国家,从它是由所有生活在一个法律联合体中的具有公共利益的人们所组成的,并从它的形式来看,叫做共同体或称之为共和国(指这个词的广义的含义而言)。有关这方面的权利原

① 德文版中,此标题为:第一章　国家的权利(国家法)。——译者

则构成公共权利的第一部分：国家权利或者民族权利[①]。(2)其次，国家，如果从它和其他人民的关系看，叫做权力，由此产生主权者的概念。从另一方面来看，如果组成国家的人民的统一体假定是一代一代传下来的，那么，这个国家便构成一个民族。在那公法的普遍概念下，除了个人状态的权利外，又产生另一部分权利(法律)，它构成了“万国权利”(法律或万国公法)或称国际权利。(3)再其次，地球的表面不是无止境的，它被限制为一个整体，民族的权利(法律)和国际的权利必然最终地发展到人类普遍的法律观念之中，这种法律可以称之为世界的权利(法)。民族的、国际的和世界的权利，彼此关系如此密切，以至在这三种可能的法律关系形式中，如果其中任何一种不能通过法律体现那些应该用来调整外在自由的基本原则，那么，由其他两种公共权利来建立的立法结构也将同样被破坏，整个体系最终便将瓦解。

一、国家的权利和宪法[②]

44. 文明结合体和公共权利的起源

我们并非从一个外在的权威的立法出现之前的任何经验中，就认识到人们之间的自然侵犯的规律，以及使他们彼此发生争斗

① 这里说的“权利”，如理解为“法律”更为恰当。——译者

② 德文版无此标题。——译者

的罪恶倾向。在这里也用不着假定，仅仅是由于偶然的历史条件或事实，才造成必须有公共的立法的强制措施。因为权利问题，无论安排得如何得当，或者如何值得称赞，人类可以被认为只考虑他们自己，这个尚未用法律加以调节的社会状态的理性观念，必须作为我们讨论的出发点。这个观念指出，在一个法律的社会状态能够公开建立之前，单独的个人、民族和国家绝不可能是安全的、不受他人暴力侵犯的。这种情况从人们的思路中便可以看得很清楚，每个人根据他自己的意志都自然地按着在他看来好像是好的和正确的事情去做，完全不考虑别人的意见。因此，除非决心放弃这个法律的社会组织，否则，人们首先不得不做的事，就是接受一条原则：必须离开自然状态（在这种状态中，每一个人根据他自己的爱好生活），并和所有那些不可避免要互相来往的人组成一个政治共同体，大家共同服从由公共强制性法律所规定的外部限制。人们就这样进入了一个公民的联合体，在这其中，每人根据法律规定，拥有那些被承认为他自己的东西。对他的占有物的保证是通过一个强大的外部力量而不是他个人的力量。对所有的人来说，首要的责任就是进入文明社会状态的关系。

根据这样的理由，人类的自然状态不一定要描述成是绝对不公正的状态，好像最初人们相互间的关系不可能是别的，而只能是一切决定于武力。如果自然状态曾经存在过，那么，这种状态必定会被认为不是通过法律来调整的社会状态，一旦发生权利问题的争执，便找不到一个有强制性的法官对该争执作出有权威性的法律裁判。如果任何人必须用武力来抑制别人，那么，从这种没有法律的生活状态进入有法律的文明社会状态就是合情合理的。虽然个人根据这样的权利的观念可以由于占领或契约而获得外在物，但是，在自然状态中，这样的获得只是暂时的，只要这种获得尚未经公共法律的认可。因为在没有得到这种认可之前，占有的条件不决定于公共分配的公正，也没有为任何执行公共权利的权力所保证。

如果人们在进入文明状态之前，并没有意思去承认任何公正的获得，哪怕是暂时的，那么，这种社会状态本身就不可能产生。因为，仅仅根据理性的概念，去观察在自然状态中那些关于“我的和你的”的法律①，它们在形式上所包含的东西，正是人们在文明状态中所制定的那些东西。只不过，在文明状态的种种(获得的)形式中，各种(获得)条件才被制定。根据这些条件，那些在自然状态中正式的由于长期使用而获得的权利，符合分配的公正才成为现实。可见，如果在自然状态中甚至连暂时的外在的“我的和你的”都没有，那么，对人们来说，也不存在任何法律的义务，其结果就不存在任何要从自然状态过渡到进入其他状态的责任。

45. 国家的形式和它的三种权力

国家是许多人依据法律组织起来的联合体。这些法律必须要被看成是先验的必然，也就是，它们一般地来自外在权利的概念，并不是单纯地由法令建立的。国家的形式包含在国家的理念之中，应该从纯粹的权利原则来考虑它。这个理想的形式为每一个

① 康德在这里说的有矛盾，他既然认为在自然状态中没有法律，而在这里却又说有法律。德文原文为“Gesetze”，除有“法律”的含义外，又可译为“法则”或“规律”等。所以英译本的“Laws”也应理解为“法则”。——译者

真正的联合体提供了规范性的标准，以便把联合体组织成一个共和国。

每个国家包含三种权力，人民的普遍联合意志，在一种政治的"三合体"中人格化。它们就是立法权、执行权和司法权。(1)立法权力在一个国家中具体化为立法者这个人；(2)执行权力具体化为执行法律的统治者这个人；(3)司法权力具体化为法官这个人，他的职务是根据法律为每个人裁决，哪些东西归他所有。这三种权力可以和实践的三段论中的三个命题作对比：那主要的作为大前提，规定意志的普遍法则；那次要的根据作为小前提原则的法则，提出可以应用到一次行为的命令；而结论包括判决书，或者，在具体案例中正在考虑的权利的判决。

46. 立法权和国家的成员

立法权，从它的理性原则来看，只能属于人民的联合意志。因为一切权利都应该从这个权力中产生，它的法律必须对任何人不能有不公正的做法。如果任何一个个人按照他与别人相反的观点去决定一切事情，那么，他就可能经常对别人作出不公正的事情。但是，如果由大家决定，并颁布作为他们自己的法律，就绝不会发生这种事情。俗话说："自己不会伤害自己。"可见，只有全体人民联合并集中起来的意志(这就是每一个人为全体决定同一件事，以及全体为每一个人决定同一件事)，应该在国家中拥有制定法律的权力。

文明社会的成员，如果为了制定法律的目的而联合起来，并且因此构成一个国家，就称为这个国家的公民。根据权利，公民有三种不可分离的法律的属性，它们是：(1)宪法规定的自由，这是指每一个公民，除了必须服从他表示同意或认可的法律外，不服从任何其他法律；(2)公民的平等，这是指一个公民有权不承认在人民当中还有在他之上的人，除非是这样一个人，出于服从他自己的道德权力所加于他的义务，好像别人有权力把义务加于他；(3)政治上的独立(自主)[①]，这个权利使一个公民生活在社会中并继续生活下去，并不是由于别人的专横意志，而是由于他本人的权利以及作为这个共同体成员的权利。因此，一个公民的人格的所有权，除他自己而外，别人是不能代表的。

具有选举权的投票能力，构成一个国家成员的公民政治资格。但是，这种投票能力，却又是先假定这个单独公民在该国人民中，具有自给自足的独立性，也就是说，他不能仅仅是这个共和国的偶然附属部分，而是此共和国的一个成员，和其他的人一起在此社会中行使他自己的意志。这三种性质中的最后一种性质，必然涉及构成积极公民身份和消极公民身份的区别，虽然消极公民身份的概念看来与公民的定义有矛盾，下面的例子也许可以解决这个矛盾。例如，一个商人(或做买卖)的学徒，一个不是国家雇佣的仆人，一个未成年的人，所有妇女以及一般说来任何一个不是凭自己的产业来维持自己生活而由他人(除了国家)安排的人，都没有公民的人格，他们的存在，也可以说，仅仅是附带地包括在该国家之中。如同我在庄园里雇用的伐木人；如同印度的铁匠：带着他的锤

① 在德文版中和英译本中，应在哪些词下加重点符号是完全不一致的。德文版内加重点符号的词较多。这里的“自由”、“平等”和“独立”之词均有，而在英文译本中则无。——译者

子、铁砧、风箱到那些雇用他的人家中干活。他们不同于欧洲的木工或是铁匠，后者能够拿出属于自己的劳动产品作为商品公开出售。还有，驻校助教与校长有区别；在田里干活的人与农场主有区别等等，这些都是说明两种不同身份的公民有区别的例子。在上述例子中，前一种人和后一种人的区别在于，前者在共和国中的地位只是次要的，不是它的积极的独立成员，因为他们需要别人的指挥和保护，因而他们本人不具有政治上的独立自主。[①] 像这样意志上依赖别人以及由之而来的不平等，无论如何，并非和那些构成人民的个人（作为人）的自由和平等对立的。甚至可以这样说，正是由于这些情况，人民才能变成国家，并且进入一个文明的社会组织。但是，并非所有的人，根据该国宪法都具有平等资格去行使选举权，并成为这个国家完全的公民，也不是所有的人都只是受它保护的消极的臣民。尽管消极的公民有资格要求其他所有公民，根据本质是自由与平等的法律去对待他们，可是，作为这个国家的消极组成部分，他们没有权利像共和国的积极成员那样去参与国家事务，他们无权重新组织国家，或者通过提出某些法律的办法而取得这种权利。在这种情况下，他们所能提出的最大的权利就是：不论制订实在法的方式如何，可以要求这些法律必须不违反自然法（它要求所有人民都取得自由以及取得与此相符的平等），因此，必须让他们有可能在他们的国家内提高自己，从消极公民到达积极公民的条件。

① 德文版中，将以后的部分另排为一段。——译者

47. 国家的首脑人物和原始契约

在一个国家中的三种权力,都是高职位的。此外,由于它们的产生必须来自国家的理念,并一般地构成这个国家的政体(或宪法)[①]基础的主要部分,它们便被看作是政治上的高职位。它们包含这样的关系:一方是一个普遍的统治者,作为国家(根据自由的法则,国家只能是联合成一个民族的人民自身)的首脑;另一方是组成这个民族的个人,作为臣民的群众。在这种关系中,前一种人员是统治的权力,他的职务是治理;后一种成员构成该国的被统治者,他们的任务是服从。

人民根据一项法规,把自己组成一个国家,这项法规叫做原始契约。这么称呼它之所以合适,仅仅是因为它能提出一种观念,通过此观念可以使组织这个国家的程序合法化,可以易为人们所理解。根据这种解释,人民中所有人和每个人都放弃他们的外在自由,为的是立刻又获得作为一个共和国成员的自由。从人民联合成为一个国家的角度看,这个共和国就是人民,但不能说在这个国家中的个人为了一个特殊的目标,已经牺牲了他与生俱来的一部分——外在的自由。他只是完全抛弃了那种粗野的无法律状态的自由,以此来再次获得他并未减少的全部正当的自由;只是在形式上是一种彼此相依的、受控制的社会秩序,也就是由权利的法律所调整的一种文明状态。这种彼此相依的关系,产生于他自己的那

① 原文为"Konstitution",通常应指宪法。不过,康德在本书中用此词时,多数是指此词的"政体"方面的含义。另外,他不像当时及后来的思想家那样重视对宪法的研究。此书中就没有对宪法的专门论述。——译者

种有调整作用的立法意志。

48. 三种权力的相互关系和特性

国家的三种权力，按它们的彼此关系看，就是：(1)彼此协作，如同许多法人那样，一种权力成为另一种权力的补充，并以这样的办法来使得国家的政体趋于完善；(2)它们彼此又是从属关系，这样，其中一种权力不能超越自己的活动范围去篡夺另一方的职能，每一种权力有它自己的原则，并在一个特定的人的手中保持它的权威，但是，要在一位上级长官意志的指导之下；(3)经过上述两种关系的联合，它们分配给国内每个臣民种种他自己的权利。

考虑到三种权力各自的尊严，也可作这样的解释：最高立法者的意志，就它有权决定什么是构成外在的“我的和你的”而论，它要被认为是不能代表的；最高统治者的执行职能要被认为是不能违抗的；最高法官的判决要被认为是不能撤销的，不能上诉的。

49. 三种权力的不同职能。国家的自主权

(1) 执行权属于国家的统治者或摄政者，不管他是以一个法人或一个个人(像国王或君主)的形式出现。这个执行权力，作为国家最高代表，任命官吏并对人民解释规章制度。根据这种解释，各个人可获得任何东西，或者依据法律保持属于他自己的东西；根据执行权力的申请，每个诉讼案件便告成立。这个执行权力，如果作为一个法人来看，便构成政府。政府向人民、官吏以及国家的高级行政长官制定和颁布的命令是布告或法令，而不是法律。因为他们是针对特定事件的决定，而且作为不可改动的决定来发表的。

一个政府，作为一个执行机关去行动，同时又像立法权那样制定和颁布法规，它会成为一个专制政府，而且必然和爱国政府截然相反。一个爱国政府又与父权政府不同，后者是所有政府中最专制的，它对待公民仅仅就像对待孩子那样。一个爱国政府却是这样的一个政府，它一方面把臣民当作大家庭中的成员，但同时又把他们作为公民来对待，并且依据法律，承认他们的独立性，每个人占有他自己，不依附于在他之外的或他之上的他人的绝对意志。

(2) 立法权力不应该同时又是执行权力或管理者。因为管理者作为一个行政官员，应该处于法律的权威之下，必须受立法者最高的控制。立法权力可以剥夺管理者的权力，罢免他或者改组他的行政机关，但是，不能惩罚他。这就是英国人通常说的"英王，作为最高执行权力，不可能做错事"这句话恰当的和唯一的意义。因为任何惩罚的运用将必然成为这样一种行动：执行权——这个根据法律而产生的最高强制权力，它自身却要从属于强制，这是自相矛盾的。

(3) 不论是立法权或是执行权都不应该行使司法职务，只有任命法官作为行使此职务的官员。只有人民才可以审判他们自己，即通过那些由人民在自由选择下选举出来的公民，代表他去审判，甚至专门任命他们去处理每一个司法程序或案件。法庭的判决是一种公共分配正义的特殊法令，这种正义是由一个法官或法庭，作为一个符合宪法规定的执行法律的人员，对于作为人民中之一的臣民所作出的判决。这样的一项法令，并不当然就有权力决定并分配给任何人那些是他所有的东西。在人民中间，每一个人由于他和最高权力的关系中只能属于被动一方，执行机关或立法机关在处理有关个人财产的争执时，都可能对他作出不当的决定。这并不是由人民自己作出的决定，或者由某些人对他们的公民伙伴们宣布"罪名"或"无罪"的判决。因为对于一个诉讼案件的争论要作结论，法庭必须引用法律，法官通过执行机关才有权对每一个人分配给他应得的东西。因此，只有人民才能恰当地对一个案件作出判决——虽然是间接的，即通过他们选举的和授权的代表在陪审法庭上作出判决。宁可由低于国家首脑的人来当法官，因为在审判工作中，他说不定会掺杂自己的得失而作出不当的事情，这样，他就应该接受当事人向上一级申诉的要求。

正是由于三种权力——立法、执行、司法——的合作，这个国家才能实现自己的自主权。这个自主权包括：依照自由的法则，组织、建立和维持这个国家自身。在三种权力的联合中，国家的福祉得到实现。古话说，"国家的福利高于法律"。可是，这种福利不能仅仅理解为个人的富裕和这个国家公民的幸福，正如卢梭所断言，也许在自然状态甚至在一个专横的政府统治下，会更愉快地、更称心地达到这个目标。但是，国家的福祉，作为国家最高的善业，它标志着这样一种状态：该国的宪法和权利的原则这两者之间获得最高的和谐。这种状态也就是理性通过绝对命令向我们提出的一项责任，要我们为此而奋斗。

由文明联合体的性质所产生的宪法和法律的后果

(1) 最高权力的权利;叛国;废黜;革命;改革[①]

最高权力的来源,对于受它的权力支配的人民说来,实际上是不可思议的。换言之,臣民在实际关系中无须对最高权力的来源加以深究,好像国家最高权力要人民服从它的权利尚有疑问似的。因为,为了取得判断国家最高权力的资格,这时候的人民必须假定他们已经在一个共同的立法意志之下联合起来了,如果要判断的话,只能判断当前的国家最高首脑的意志。问题发生在这里,一次规定服从的真实契约,原来就订立在公民政府成立之前,此事是否属实;或者,是否这个权力产生在先,而法律只是以后才有的,或者可能是这样的顺序。由于人民事实上已经生活在公民的(或文明的)法律之中[②],这类问题或许完全是无目的的,或者是对国家充满微妙危险的。因为,如果臣民在探究国家的起源后,起来反对当前进行统治的最高权力,他就会提出:他是一个公民,要根据法律和完整的权力才能对他加以惩罚、毁灭或剥夺公民权。法律是如此神圣和不可违反,它自身就表明必须来自最高的、无可非议的立法者,以致哪怕对它只有一丝怀疑,或对它的执行停止片刻,那实际上是犯罪。这就是下面一条格言的含义:"一切权力来自上帝。"

① 德文版无此标题。——译者

② 原文为"Civil law",也可译为"民法",但不大合康德的原意。德文为"bürger liche Gesetze",含义为"公民的法律",无"民法"之意。——译者

这个命题并不是说明公民宪法的历史根据，只是作为实践理性的一种理想原则。这也可以改为另一种说法："服从当前立法权力所制定的法律是一种义务，不论它的来源是什么。"结果是，一个国家中的最高权力，对臣民只有权利并无义务。此外，如果作为最高权力机关的统治者或摄政者有违法措施，例如征税、征兵等等，如果违背了平等法则去分配政治负担，臣民对这种不公正的做法可以提出申诉和反对意见，但不能积极反抗。

在政治性的宪法中，甚至没有一条条文会规定，当万一发生最高权力侵犯了依照宪法制定的法律时，在该国之内有一个权力可以反抗，或者，甚至限制它。因为那个可以限制国家最高权力的人，必须具有更大的权力，至少也要与它要去限制的权力一样大。如果谁有合法权力命令臣民去抵抗，此人也应该有能力去保护他们，如果他被认为有能力判断每一案件的审判是否正确，那么，他也可以公开命令进行抵抗。但是，这样一个人本来并不是真正的权威，却会因此而成为最高权力者，这是自相矛盾的。这个最高统治的权力，如果由一位长官行使，他同时又是该国的统治者，结果便成为专制者。那种引起人民(他们只能正当地享有立法的影响)去想象的紧急手段，即通过他们的代表去限制统治权的办法，并不能因此就可以掩盖和隐瞒这样一个政府的真正专制主义，即不暴露其行政长官在执行他的职务时所用的办法和手段。当人民在他们的国会中有他们的代表时，人民在此情况下，可能在保证他们的自由和权利的人们当中有这样的一些人：他们对自己的和家庭的利益特别关心，他们期待的是在陆军、海军和公共机关中能给他带来好处的长官。人民与其提出抗拒政府的不恰当的要求(政府的公开声明应该事先取得人民一方的同意,但是,无论如何,抗拒是不可能和平地得到允许的),他们宁愿始终准备去做对政府有利的事情。所谓有限制的政治性宪法,作为该国国内权利的一部宪法,是一种虚构,与其说它符合权利原则,毋宁说它只是一种权宜的原则。上述宪法的目的,并不是为了在路上设置尽可能多的障碍物,来防止一个强有力的侵犯者通过政府有意的影响,去侵犯人们广泛的权利。这类宪法的目的,更多地是给他自己造成一种幻觉,认为人民享有反对权。

在任何情况下,人民如果抗拒国家最高立法权力,都不是合法的。因为唯有服从普遍的立法意志,才能有一个法律的和有秩序的状态。因此,对人民说来,不存在暴动的权利,更无叛乱权。最不该的是,当最高权力具体化为一个君主时,借口他滥用权力,把他本人抓起来或夺去他的生命,这还有什么合法性可言呢?哪怕是最轻微地尝试这样做,也是重大的叛逆罪。这样一个有意推翻他的国家的叛徒应该受到惩罚,作为政治上的叛国罪,甚至可以处以死刑。人民有义务去忍受最高权力的任意滥用,即使觉得这种滥用是不能忍受的。理由是,对最高立法权的任何反抗,只能说明这与法理相悖,甚至必须把它看作是企图毁灭整个法治的社会组织。为了给这种反抗予以合法的资格,那就需要规定一项公法去允许它。然而这样一来,最高立法就由于这一项法律而不再是最高的,但作为臣民的人民,将会成为统治者去统治他们本来要服从的那个人(机构),这是自相矛盾的。如果问:"在人民和统治者为双方的这个争辩中,谁该去当法官?"这个矛盾会变得更为明显。因为人民和最高统治者在宪法上或法律上被认为是两个不同的法人；如果允许人民反抗，对此问题的答复等于是：人民必须成为在他们自己的案件中的法官。[①]

废黜一个国王，也可以被认为是一个王朝自愿地退位，并放弃他的权力，把权力交还到人民的手中；或者可能是有意的投降，条件是：对国王本人不予任何侵犯，目的在于让这个国王可以离位去过平民的生活。但是，无论如何不能借口紧急避难权便可以认为，人民这一方使用武力的强迫手段是公正的，更没有丝毫权利以君主过去的劣政为理由去惩罚他。要考虑到以统治者的名义所作的一切必须被认为都是根据必需的权利去做的；还要考虑到作为法律源泉的统治者，他自身是不能做错事的。在一切令人憎恶的事情中，用革命去推翻一个国家，甚至谋杀或暗杀君主还不是最坏的事情。因为这种事情之所以可能发生，那是因为人民出于害怕，唯恐万一让那君主活着，他还可能夺取政权并惩罚人民。另外，这种事情也可能发生，但它并不是一种惩罚性的正义行为，而仅仅是出于自我保存。公开地正式处死一个君主，使那些心中充满人权理想的人感到震惊，每当想起查理一世和路易十六结束他们生命的情景时，这种感觉就一次又一次地出现在人们心中。对这种感觉应作如何解释呢？这不是一种单纯审美的感觉，来自想象力的作用；这也不是同情，把我们自己想象为那个受害者。相反，这是一种道德感情，产生于我们关于权利的一切理解全部被否定了。简言之，弑君被认为是一种不容易改变的，并且是永远不能赎罪的罪行，它犹如神学家宣称的那种既不能在人间，也不能在另一个世界

① 康德在此有一个长注，英文版则将此改为下面三段正文。——译者

得到宽恕的罪恶。对这种现象的解释,在人们心中看来,好像提供了下面的一些见解,这些解释甚至对政治权利的原则提出了一些令人深思的启发。

对法律的每一次违犯,只能并且必须解释为这是产生于犯法者的行为准则,即他把这种错误的做法作为他自己行为的规则。因为,如果不是把他看作是一个自由的生灵的话,就不能把违法行为加在他身上。可是,人们绝对无法说明,为什么任何有理性的个人,会制定这样的准则去反对那些由立法的理性所发出的那种明显的禁令。因为,只有那些仅仅根据自然的机械法则而发生的事件,人们才能够对它们作出解释。现在,一个违法者或一个罪犯,可能违犯了假定是客观地或普遍有效的,对他自己说来也是规定什么是错误的行为规则或准则;或者,他的违法行为仅仅是对这种规则的一次例外,偶然忘记了自己的责任所致。在**后一种**情况下,他只是**离开**了法律,虽然他是有意这样做的。他可以同时既厌恶他自己的违法行为,又没有正式拒绝服从法律,而仅仅是想回避法律。在**前一种**情况下,他抵制了法律的权威,他无论如何都无法在他自己的理性面前否认法律的有效性,即使他把这种反对法律的做法作为他自己的行动准则,所以,他的这种准则不仅是有缺陷的,消极地与法律相抵触的,甚至还是有意违法的,直接与法律抵触,与法律是处于敌对地位的。我们对这种违法行为的认识与理解,从表面上看来,似乎人们不可能干出那些完全邪恶无用的错误和罪行的,可是,在一个道德哲学体系中,对这种极端邪恶的想法是不能忽视的。

这就是每当想到一个国王被**他的人民**正式处死时所感到的恐

怖。其理由是，任何一种*谋杀行为*必须被认为是构成一种行为准则规律的*例外*。这样的一种*处死*事件，必须被认为是对那些应该用来调整统治者和他的人民之间关系原则的一次彻底的*堕落*。本来，人们得以合乎宪法规定的存在，应归功于颁布法律的统治者，现在，由于这种原则的堕落，使得人民成为统治者并去统治原来的统治者。因此，单纯的暴力就这样带着无耻的标志被提高了身价，也可以说，它在原则上高于最神圣的权利。这种堕落，犹如深不可测的深渊吞没了一切而不留下半点痕迹；又好像一个国家对自己进行了一场自杀，进行了一场无法赎罪的恶行。因此，理性假定同意这些处死的决定，并不是真正地建立在假定的权利原则上，它仅仅是出于对报复的恐怖：如果那个被处死的权力一旦在国内复活，就会迫害人民。因此，可以这样认为，提出处死和随之出现的仪式或场面，其目的只能使这些做法看起来好像是一种惩罚，犹如一种*法律程序*的伴随物。这种仪式和场面，不能与单纯的谋杀或暗杀同时发生。可是，这种掩盖罪行的做法完全没有达到它的目标，因为这种托词如果来自人民一方，甚至比谋杀本身更为恶劣，它包含着一项原则：一个国家一旦被推翻，就必定使它不可能再恢复。

有时候，更改有缺陷的国家宪法是很有必要的。但是，一切这样的变更只应该由统治权力以*改良*的方式进行，而不能由人民用*革命*的方式去完成。如果进行更改时，它们只影响于*执行权力*，而不是*立法权力*。有一种政治宪法是这样宣称的，人民通过他们在国会的代表，可以合法地*抗拒*执行权力和代表它的部长。这种宪法被称为*有限制性的宪法*。可是，即使在这种宪法之下，也不存在*积极的*抗拒权，例如通过一种随意的人民组合体去迫使政府采取某种积极的程序，因为这种做法就可以假定为：人民自己行使执行权。一切公正地许可做的事，只能是**消极的**抗拒，也就是人民的一方采取**拒绝**的行动，对执行权力的——可能是出于行政机关的利益而认为必要的——一切措施不予认可。如果这种权力从来就没有行使过，毫无疑问，这是一个明显的标志，说明：那里的人民已被腐蚀，他们的代表接受了贿赂，政府最高首脑变得专横，他们的部长实际上背叛了人民。

再者，当革命成功并在此基础上制定了一部新宪法，只是这部宪法开始时的非法性以及制定它的非法性，并不能免除臣民设法使自己（作为良好的公民）去适应事物的新程序的责任；他们也没有资格拒绝忠诚地服从在此国家中已经取得权力的新统治者。如果一个被废黜的君主在这场革命中活下来了，就不能由于他是前任行政首脑而召他来进行查询，如果他隐退下去过着一种平民的生活，更不能因此而惩罚他，因为他宁愿过安静与和平的生活，而不愿去过被放逐的不安定生活，哪怕他确有冒一切危险妄想恢复他的权力的意图。为此打算，他也可能采用发动秘密的反对革命的办法，或者通过其他国家帮助的办法。如果他倾向于采用后一种办法，他仍然有此权利，因为把他从他的位置上赶走的叛乱本来就是不合法的。可是，问题在于其他国家是否有权，以这样一个被废黜的君主的名义结成同盟，其目的仅仅是使人民所犯的罪行不至于不受报复，或者消灭该国人民，把该国人民作为所有国家的耻辱。此外，他们是否可以因此合法地被请来，用武力恢复该国以前曾经存在过但已经被一场**革命**抛弃了的宪法。关于这个问题的讨论，不属于公法这一节的内容，而是属于下一节关于民族权利[①]的内容。

（2）土地权。世俗的和教会的土地。征税权；财政；警察；检查[②]

统治者，从他作为具体化的立法权力来看，他是否应该被认为是土地的最高所有者，或者仅仅作为通过法律去统治人民的最高统治者？由于土地是最高的条件，只有根据这个条件，才能把外在物变为个人所有，对土地可能的占有和使用，构成最初可能获得外在权利的基础。因此，一切外在权利必须来自作为土地的主人，和土地的至高无上者的统治者；或者，也许可以更恰当地比作土地的最高所有者。构成臣民大众的人民，（作为人民）属于该国的统治者，这不是以物权的意义上说他是人民的所有者，而是从对人权来说，他是他们的最高指挥官或头目。这种最高所有者的身份，只不过是公民宪法的一种观念，根据法律上的概念，被具体化并可以表达为：该国人民所有的私人财产有必要联合起来置于一个公共的普遍的占有者之下。这样来表达这种关系是为了使得它可以成为一种基础，于是其他特殊的有关财产的权利都可以由此决定。它不是开始于单纯是聚集物的原则，即那种经验地从部分到整体的发展，而是根据权利概念去划分土地的必然形式的原则。根据这个原则，最高的普遍所有者，不可能把任何一部分土地作为他自己的私人所有，因为这样一来，他就把自己变成一个私人了。只有人

① 按德文版，此处是“国际法”的含义。——译者

② 德文版无此标题。——译者

民才能私有土地并且是按分配方式取得而不是按集体方式取得。在此条件下,无论如何,一个游牧民族必须被看作是例外,因为他们在土地方面根本不存在私人财产。因此,最高所有者不应该拥有任何私人产业,无论是为他私人使用或是供应他的朝廷使用。因为,如果他有私人产业的话,他占有多少就全凭他的高兴了,这么一来,该国就会出现危险,因为所有的土地都被拿到政府的手中,所有臣民都将被当作土地的奴隶来对待。这是由于这些所有者所占有的东西,完全是别人的私有财产,那些失去财产的人便可能因此被剥夺一切自由,并被看成是农奴或奴隶。对于土地的最高所有者,可以这样说,他不占有任何东西作为他自己的,除了他自身而外。如果他和其他人一样在国家中也占有资料,就有可能因为那些资财而与他人发生争执或诉讼,但却不会有独立的法官去审判这种案件。然而,也可以这样说,他占有一切,因为他对全体人民拥有最高的统治权利,他把全部外在资财个别地分给人民,这样,由他决定如何分配给每个人,哪些东西应归哪一个所有。

于是,这个国家中不可能有任何社团,也没有任何阶级和等级。因为根据某项确定的法令,土地所有者可以把土地遗留给后代,他永远可以自己独家使用。国家可以随时以补偿幸存者的利益为理由,取消和废除所有这样的法令。构成贵族的骑士阶层,被看作是唯一的阶层或阶级,他们是有特殊权利的人;还有教士阶层,称为教会,这两种人都要服从上述措施。他们绝不能根据任何世袭特权,可以取得某种资格去享有什么利益,他们不能取得绝对的土地财产权,可以把土地遗传给他们的后代,他们只能取得这种财产的暂时使用权。如果公共舆论根据其他安排,已经停止迫使国家在保卫土地期间向骑士阶层呼吁他们的军人的忠诚,那么,根据这种条件赐给他们的产业便可以收回。同样,教会的土地收入,国家可以毫无顾虑地要求收回,如果公共舆论停止迫使该国成员为了死后的灵魂而保留一大批人:例如为了生者而保留一批作为祈祷的人,并保留了众多的牧师,作为保护他们不受永恒的烈火烧身之苦的手段。可是,在上述两种情况之下,补偿现存者的利益这个条件必须遵守。谁在这个过程中跟不上改革的运动,就没有资格埋怨他们的财产被拿走。因为他们原先占有的根据,仅仅决定于人民的舆论,这种占有的有效性,仅仅看支持这种占有的人民舆论延长到什么时候而定。一旦赞成这种制度的公共舆论逐步消失,或者甚至在下面这样的人的判断中已经废除了上述的两种所有权,他们是通过人所共知的功绩去领导和提出废除它们而拥有最高发言权的人。于是,我们所说的那种假定存在的占有资格就必须停止,好像有人为此向国家提出公讼似的。

最先取得土地的最高所有者的资格,是依靠统治者的权利而来的,他作为该国的普遍的所有者,有权确定土地的私人所有者,有权征收种种赋税和决定该国人民应得的东西,或者为国家应尽的义务,诸如在战争期间可能需要做的事情。但是,应该这样做的理由,确实是人民向他们自己征收赋税,这是根据权利的法律去行动的唯一的模式。这种做法可以通过代表人民的代表机构这样的中间组织来完成。当国家遇到紧急危机时,允许强制性借款作为授予统治者的一种权利,虽然这种做法可能是对现存法律的一种背离。

根据这个原则而建立起管理国家经济的权利,包括财政和警察的权利。警察要特别关心公共安全、公共方便和正派。关于最后一项(为了公共礼节而需要的感情或消极的感受),最重要的是,不要因为受了下面一些情况的影响而不注意礼节:乞丐、无秩序的吵闹声、难闻的气味、公开的卖淫或者其他有碍道德感情的东西,因为对人有礼貌非常有利于国家通过法律去管理人民的生活和工作。

为了保卫国家还要有检查权。这个权利授予公共的统治者去侦查有无秘密社会组织(政治的或宗教的)存在于人民中间,它们能够对公共福利施加不利的影响。因此,一旦警方提出要求,这样的秘密社会绝不能拒绝公开它的章程。但是,警察查询和搜查私人住宅,只有在必要的情况下才是合法的。在任何特殊情况下,必须由高一级统治机关的授权才能行动。

(3) 对穷人的救济。建立慈善收容院。教堂[①]

统治者,作为人民义务的承担者,主要是为了人民自己生存有关的目的而有权向人民征收赋税。特别要指出的是对穷人的救济,建立收容院以及建筑教堂(基督教),否则就要组织慈善基金会或者善意性的基金会。

第一,人民已经事实上通过他们的共同意志联合起来成为一个社会,这个社会必须永远保持下去。为此目的,他们就要服从国家对内的权力,以便保存这个社会的成员,甚至当他们无力维持他们生活的时候。根据国家的基本原则,政府有理由并有资格强迫那些富裕的人提供必要的物资,用以维持那些无力获得生活最必

① 德文无此标题。——译者

须的资料的人的生活。为了这个国家的有资产者的生存,就需要他们服从国家并取得保护,以及由国家向他们提供生存所必须的条件。因此,国家有权对他们加以一种责任,让他们献出财物来维持他们公民伙伴的生存。这件事可以通过向公民的财产或商业资财征收赋税,或者建立基金会从中收取利润来达到。这样做不是为了国家的需要,国家是富足的,这是为了人民的需要。要完成这项任务,还不能仅仅靠志愿捐助,必须作为对国家的负担去强迫征收,因为,在这里我们所考虑的仅仅是国家对人民的权利。在搜集这种捐助的志愿捐款模式中,抽彩给奖的方法是不允许的,因为这种办法会增加穷人的数目,并且会危及公共财政。人们可以问,是否应该用当前的捐献来救济穷人,这样,每一代人都应该支援同时期的穷人;或者是否可以用更好的办法,通过永久性的基金会和慈善机构来处理,例如建立鳏寡院、慈善收养院等等?如果前一种办法比较好,还可以考虑,必需的生活资料的搜集是否可以按法定的估计数字去征收,这样比用乞求的方式实质是近乎掠夺的办法较好些。前一种办法实际上必须被认为是唯一符合国家权利的方式,这表明国家不能不关心必须生活下去的每一个人。但是,用法律规定的当前提供供应品的办法,不能成为穷人谋生的职业,不能成为懒汉谋生的手段。因为这样一来,穷人的数目会增加,慈善基金会组织对此不免害怕;采取捐献的办法也不能造成是政府强加于人民的一项不公正或不正当的负担。

第二,国家还有权加给它的人民一种义务去保护儿童,使他们免于困乏和不知廉耻,否则他们会惨遭杀害。因为国家不允许眼看着它的力量被消灭的危险性有所增加,不管这种措施在某些方面可能不受欢迎。但是,人们会考虑,如果为了保护儿童的目的,向未婚的有资财的两性双方强行征收款项可能是不公正的,好像要他们为了不幸的事情分担责任似的。此外,人们还会考虑,为了上述目标而建立慈善收养院,或者执行其他符合权利的办法是否更好一些。问题是,凡是已经提出的对此难题的解决办法,总不免在某种程度上要触犯权利或道德,因而,此问题迄今尚未能解决。

第三,这里所说的教堂,仅仅指基督教建立的机构,因而必须谨慎地把它和宗教分开。宗教,作为表达人们内心感觉的一种方式,它与国家权力的行为完全无关。教堂是人民公开做礼拜的地方,它来自人民的主张或者信仰。教堂的建立,是符合国家的真正需要的。由于人民认为他们还是一个看不见的最高权力的臣民,他们对此权力表示崇敬,所以他们感到需要教堂。这样做可能经常带来与国家权力的不愉快的冲突。所以,国家对这种关系具有权利。但是,不能认为这是对教堂有什么依据宪法而来的立法权,以致认为国家可以按照对教堂最有利的办法去组织教堂,或者指定和用命令给人民规定信仰和宗教仪式,所有这些都必须全部留给教堂自己选择的教师[1]和管理人员去决定。国家在这方面的作用,仅仅有消极的权利,用以调整这些公众教师[2]对于世俗的政治共同体的影响,使这种影响不至于对公共和平及安宁抱有成见。因此,国家必须采取措施,每当教堂内部发生争执时,或者几个教堂之间彼此发生冲突时,使之不至于危及国内的安定团结,这项权力属于省级的警察机关。如果国家最高权力进行干预,并去决定

①② 指神甫、主教等神职人员。——译者

一个教堂信奉的特殊教义是什么，或者用法令规定要永远遵守某种教义不能变更，教会不能自己进行改革，这都会有损于国家最高权力的尊严。因为这种做法，会使这个最高权力卷进一场学究式的争论，并和臣民站在平等的立足点上。这样一来，这个君主便把自己变成一个教士，而教会人士则甚至会埋怨最高权力丝毫不懂得教义。这种做法最突出的结果是等于禁止教会从内部作任何改革。凡是作为整体的人民，不能为他们自己作出决定的事情，也不能由立法者代替人民来作出决定。可是，没有任何一个国家的人民能够理智地对他们内心的信仰问题作出较为进步的决定，因而决定绝对不许他们对教会组织进行改革。因为，这将会和人们自身的人性相违背，也和他们的最高权利相违背。所以，最高统治者不要为人民决定和判决这些事情。根据同样理由，关于维持宗教事业的费用问题，决不能从国家的公共财政中开支，而只能由人民中对该教会有特殊信仰的那些人来负担，也就是说，这笔费用只应作为一项负担落在有关教区之上。

(4) 在国内委派官吏权和授予荣誉的权利[①]

国家最高统治者的权利还包括：

① 委派官吏，对公共的有薪金的公职人员的任命；

② 授予荣誉称号，给无薪金的公职人员以各种等级的荣誉称号。这些称号仅仅基于荣誉，但是在政治地位上却定出了高低不同的等级。低等级的人，虽然他们自身是自由的，可是根据公法规定的责任，要服从高等级的人，因为后者还有发布命令的资格；

---

① 德文版无此标题。——译者

③ 除了上述相对来说是慈善性的权利之外，国家最高统治者还被授予执行惩罚的权利。

关于国家官吏，就有这样一个问题：统治者任命某人一官职之后，他是否有权仅仅出于他的高兴便可以免去此人的官职，而任此职位的人并没有犯过任何失职行为。我说：“不能。”因为，凡是人民的联合意志对他们的国家官吏绝对不会作出决定的事情，统治者也不能对他们作出决定。人民既然必须担负由于任命一个官吏而需要的费用，毫无疑问，只有人民才希望任何在职的官吏，完全有胜任该职务的能力。可是，这种能力只能经过长期的准备和训练才能获得，而这个过程必然需要时间，时间的长短由不同的职务所要求的才能来决定。随意决定和频繁调动当然会影响(这是一条规律)那些安排到各种职位去工作的人员，没有获得该职务所要求的技能，因为他们的判断能力未能在实践中锻炼成熟。这一切都和国家的目的相抵触。除此而外，为了人民的利益，要让每个人有可能从较低的职位升到较高的职位，否则后者便会落入能力不大的人手中。对于有充分能力的官吏，一般地应该给予某种终身待遇的保证。

国家荣誉称号，不但包括那些与一个公共机关有关的官员，而且包括那些获得这些荣誉称号而对国家并不负担什么工作的人们，即较高阶级或阶层的成员。这部分人物构成贵族，他们的成员有别于构成人民中大多数的普通公民。贵族阶层由他们的男性后代来继承，这些贵族身份也给予他们的非贵族出身的夫人们。贵族家庭的女性后代却不能把她们的贵族身份传给她们的非贵族出身的丈夫，相反，她们只能把自己降到普通市民的地位。在这样情况下的问题是，统治者是否有权建立一种世袭的贵族阶层和阶级，使他们处于统治者和人民之间？这个问题的重要性不在于建立这样一种组织，从统治者自己和人民的利益来看，是否与统治者的深谋远虑相一致，而在于这样是否与人民的权利相一致，如果竟然有一个阶级在他们之上，该阶级的人和他们一样都是臣民，然而却生来成为向他们发号施令的人，或者至少是有特权的优等人？对此问题的回答，如前面所说，可以从下面的原则推论出来："构成全体臣民大多数的人民，对那些涉及他们自己以及与他们联合的公民也不能作出决定的事情，在宪法上也不能规定由统治者代替人民来决定。"现在，世袭贵族是这样的阶层，他们享受先辈的功德，但没有任何充分的理由，所以这种阶层只是一种想象的没有现实根据的存在物。人们对他们不抱有希望。因为，如果有一位祖先确有功绩，他也无法把它传给他的后代。所以，他的后代必须要为他们自己取得这种功绩。事实上自然界没有这种安排，即那些对国家有功绩的天才和意志都具有遗传性。同时，也不能假定任何个人会放弃他的自由，所以全体人民的公共意志不会同意这种毫无根据的特权，因此，统治者不能使得这种特权生效。但是，也会发生一种异常的情况：有些臣民会比普通公民优越些，因为这些人生活在官宦家庭，我是世袭的教授[①]，他们的先辈在古老的年代就已经滑进了政府这个大机器中。在封建体系中，这种机器差不多总是因战争而被设立起来的。在这种情况下，国家对这种谬误（错误地造成的阶层）的处理，不能采取突然中断的办法，只好采用逐步

① 在当时，德国的教授也是公职人员，属文官范围，有世袭的。——译者

废除的补救手段,即对这种世袭的职位不予填补,让它们只成为空位。这样,国家可以暂时有权让这些荣誉称号继续存在,一直到公共舆论对此问题有成熟的认识为止。到那时,便可以把人分为统治者、贵族、人民三类的情况变成两种等级,而且是唯一自然的分类,即统治者和人民两种等级。

实际上,在一个国家中,每个个人不会完全没有荣誉的称号,至少他有一个公民称号,除非由于犯罪而被剥夺了公民身份。作为一个犯人,他仍然继续活着,但他已成为别人意志的单纯的工具,不论是国家的或者是某一特定公民的工具。如属后一种,只能通过法律的裁判才能把他置于这种地位。事实上,他已变成了一个奴隶,并且像财产那样属于别人,此人不仅仅是他的主人,而且还是他的所有者。这样的一个所有者,有资格把他作为物去交换或是出让,这位所有者可以按照自己的意志来使用他,但不能出于侮辱的意图;主人可以任意使用这种人的劳力,但不能处置他的生命和他的家属。任何人不会让自己和这样一个不独立的人发生法律关系,因为后者已经停止作为法律上的人(主体),而只有作为法律上的人才能够和他人订立契约。可是,一个人可以把自己和别人用一项雇佣契约联结起来,依此而履行某种服务。订立这类契约是允许的,但是,关于服务的标准和数量以及他是否接受工资或膳宿或保护作为报酬等等,都全部留下另作决定。那么,他只不过成为一个仆人并服从主人的意志,而不是奴隶。但是,这只是一种幻想,因为主人既然有资格随意使用这些臣民的气力,主人便可以用尽仆人的气力——如同黑人在甘蔗岛上已经发生过的情况一样——主人可以折磨他们的仆人直到绝望和死亡。不过,这仅仅适用于那些仆人们实际上已经把自己作为财产交给了他们的主人的情况，如果他们是享有法律权利的人，就不可能发生这样的事情。一个享有法律权利的人，订立契约后只是去做在质和量两方面都有界限的工作；或者作为日工；或者作为供给住宿的下属。在后一种情况中，他参加一项契约，可以租借他主人的田地来使用，规定付给一定的租金，或者交上一部分地里的收成，或者可以订立契约，把他自己作为劳力，到他人的田地上去干活。但是，他并不因此把自己变成奴隶或附属于土地的农奴，因为那样一来，他便放弃了自己的人格。他只能订立暂时性的、顶多是一项可以继承的租约。即使他犯了罪，仅仅是他一个人变成服从于他人的人，而这种服从条件并不能变为继承性的，因为，这只是由于他自己的错误才对自己造成的后果负责。任何人不能因为某人是奴隶所生，便说由于供应费的理由也把这些人变成奴隶，因为这种教养是一项绝对的义务，天然地加上父母身上的义不容辞的义务。一旦父母成为奴隶，这种责任就转移给他们的主人或所有者，由于他们占有了这样的下属，他们自己便有责任去履行这种义务。

(5) 惩罚和赦免的权利

① 惩罚的权利[①]

执行惩罚是统治者的权利。他作为最高权力，对一个臣民，由于他犯了罪而加痛苦于他。但是，国家首脑却不能因此而受到惩罚，只是可以免除他的最高地位。任何人违犯公共法律，做了一个公民不该做的事情，就构成犯罪：或者是简单地犯了私法的罪，或

① 德文版无此标题。——译者

者是犯了公法的罪。私法罪行由民事法庭审理;公法罪行由刑事法庭审理。接受委托做买卖而在金钱或货物上贪污、投机,在贸易或出售货物中弄虚作假,如果这些是当着受害人的面做的话,属于犯了私法罪。另一种情况是,铸造伪币或者伪造交换证券、盗窃、抢劫等等属于犯了公法罪,因为受到危害的不仅仅是一些个别的人,还有共同体。人类罪行分为两种,一是卑鄙性质的,一是暴力性质的。

司法的或法院的惩罚不同于自然的惩罚。在后者,罪即是恶,将受到自身的惩罚,这不在立法者考虑的范围。法院的惩罚绝对不能仅仅作为促进另一种善的手段,不论是对犯罪者本人或者对公民社会。惩罚在任何情况下,必须只是由于一个人已经犯了一种罪行才加刑于他。因为一个人绝对不应该仅仅作为一种手段去达到他人的目的,也不能与物权的对象混淆。[①] 一个人生来就有人格权,它保护自己反对这种对待,哪怕他可能被判决失去他的公民的人格。他们必须首先被发现是有罪的和可能受到惩罚的,然后才能考虑为他本人或者为他的公民伙伴们,从他的惩罚中取得什么教训。刑法是一种绝对命令。不能根据法利赛人的格言:"一个人的死总比整个民族被毁灭来得好。"于是要求犯罪者爬过功利主义的毒蛇般弯弯曲曲的道路,去发现有些什么有利于他的事,可以使他免受公正的惩罚,甚至免受应得的处分。如果公正和正义沉沦,那么人类就再也不值得在这个世界上生活了。按法利赛人

① 指把人当作法律客体或物权的本体。有一英译本把这一词译为"物权的对象",这更恰当些。——译者

的观点，如何能够让一个已经判处死刑的犯人活下去呢？那就是：事前告诉他，如果他同意在他身上进行某些危险的实验并幸运地通过这些尝试而未死的话，他便可以被允许活下去。有人宣称，医生可以用这种办法去获得新的资料，而这种资料对公共福利是有价值的。对这一类由任何医务机构提出的建议，正义的法庭会蔑视地加以拒绝。因为，如果正义竟然可以和某种代价交换，那么正义就不成为正义了。

但是，公共的正义可以作为它的原则和标准的惩罚方式与尺度是什么？这只能是平等的原则。根据这个原则，在公正的天秤上，指针就不会偏向一边的，换句话说，任何一个人对人民当中的某个个别人所作的恶行，可以看作是他对自己作恶。因此，也可以这样说："如果你诽谤别人，你就是诽谤了自己；如果你偷了别人的东西，你就是偷了你自己的东西；如果你打了别人，你就是打了你自己；如果你杀了别人，你就杀了你自己。"这就是报复的权利。不过，还要清楚地了解，这有别于单纯个人的判断，它是支配公共法庭的唯一原则。根据此原则可以明确地决定在质和量两方面都公正的刑罚。所有其他的标准都是摇摆不定的，出于其他方面考虑的标准，都不包含任何与"纯粹而又严格的公正判决"一致的原则。也可能有这种情况，社会地位不同的人会不同意采用报复的原则，即"以牙还牙"。虽然不能在所有的情况下都严格采用这个原则，但是，作为效果来说，可以在实践中始终是有效的，例如对较高的社会阶层在处理上和情绪方面给以适当的尊敬表示。可是，以言语上的损害来说，可能找不出金钱上的罚款与诽谤的不公正之间有什么直接的比例关系，因为富有者有能力凭着他经济上的优越而放纵自己。荣誉遭到攻击而受害的一方,可以使损害他的人的傲慢受到同等的痛苦,特别是后者,如果法庭判决他不但要当众撤回诽谤和向受害人道歉,而且还要受到某种很不舒服的折磨,例如,要他亲吻受害人的手等等。根据同样理由,如果一个社会地位较高的人粗暴地侮辱了一个社会地位较低的无辜公民,他不但要被判向受害人道歉,而且还会因此受到单独的和痛苦的禁闭,以加重他的难受。这样,冒犯者的虚荣心将会受到沉重的打击,按照他的身份,他所受的这种羞辱便是根据"以牙还牙"的原则构成一种充分的报复。可是,我们如何理解"如果你偷了别人的,你就偷了你自己"这种说法呢?这种说法表明了,无论谁偷了什么东西,便使得所有人的财产都变得不安全,这样,根据报复的权利,他也就剥夺了自己财产的安全。这样的一个人是一无所有的,也不能获得什么东西,但是,他还想生活下去,这只可能由别人来养活他。可是,国家却不能无缘无故地这样做,为了生活下去的目的,他必须放弃他的权力而把它交给国家,由国家处予刑罚性的劳役。于是,他要暂时地或者也可能是一辈子降落到奴隶的境地。但是,谋杀人者必须处死,在这种情况下,没有什么法律的替换品或代替物能够用它们的增或减来满足正义的原则。没有类似生命的东西,也不能在生命之间进行比较,不管如何痛苦,只有死。因此,在谋杀罪与谋杀的报复之间没有平等问题,只有依法对犯人执行死刑。处死他,但绝对不能对他有任何虐待,使得别人看了恶心和可厌,有损于人性。甚至假定有一个公民社会,经过它所有成员的同意,决定解散这个社会,并假定这些人是住在一个海岛上,决定彼此分开散居到世界各地,可是,如果监狱里还有最后一个谋杀犯,也应该处死他以后，才执行他们解散的决定。应该这样做的原因是让每一个人都可以认识到自己言行有应得的报应，也认识到不应该把有血债的人留给人民。如果不这样做，他们将被认为是参与了这次谋杀，是对正义的公开违犯。

因此，对罪犯与惩罚之间的平等，只能由法官的认识来决定，根据报复的权利，甚至直到处予死刑。很明显，从事实上看，只有法院的判决才能作为对一切犯人内在邪恶轻重的宣判。人们从下面一个事例中便可看到，不但因为是谋杀犯必须处死，就是由于政治上的罪行也是足够处予极刑的。根据历史，有一个假设的案例可以说明这个道理。在苏格兰人最后一次叛变中，有各种人参加了(诸如巴尔默里诺和其他人等)，他们认为，参加叛乱仅仅是为了撤销他们对斯图亚特王朝的义务。但是，也有一些人出于私人动机和利害的原因。现在，假定最高法院考虑他们的情况后作出这样的判决：每个人有自由选择下面两者之一的惩罚，死刑或终身劳役。从这两种选择中，我认为一个有荣誉感的人会选择死刑，而一个恶棍就会选择劳役。这是他们人性本质所作出的决定。因为，有荣誉感的人认为，他的荣誉价值高于他的生命本身；而一个恶棍所考虑的只是活下去，虽然是羞辱地活着，但是在他的心目中觉得，活着总比死去好[①]。无可置疑，前一种人比其他人的罪小，可是，如果对这两种人同样都判决死刑，他们只能相同地都被处死。对前一种人来说，如果从他的高贵的品质来考虑，处死是一种较轻

① 朱维纳尔在《生物看重荣誉》一书中说过："宁要生命不要名誉"。——德文版原注

的刑罚;然而对后一种人来说,从他恶劣的品质考虑,这却是一种较重的刑罚。但是,从另一方面来看,如果对这两种人同样都判终身劳役的话,那么,对那些有荣誉感的人来说,这将是过于严厉的惩罚了,而对另一些人来说,根据他们恶劣的本性看,却是过轻的刑罚。遇到要判处一大帮人纠合在一起的阴谋集团,根据公共正义的形式,惩罚和罪行两者最好的平衡点是:都判处死刑。除了上面所说的之外,从未听说过一个因谋杀而被处死刑的犯人竟会报怨对他的判决超过了权利和公正的原则。如果他说这样判决违反了权利和公正的原则,那么,谁也会用轻蔑的眼光看他的,否则,就必然要承认,虽然根据报复的原则,在法律上并没有对该犯人有什么不公正和错误。但是,立法权却没有资格采用这种惩罚的方式,如果立法权力采取这种决定,那就会自相矛盾了。

可是,可能有许多人曾在一件谋杀案中谋杀过人,或者曾经下令这样干的,或者在行动上促成并参与了谋杀,这些人都应该处死。这是根据建立在理性的普遍法律之上的司法权力的观念,公正决意如此处理。但是,参与一件谋杀案的谋杀犯其数目可能甚多,以致国家考虑处死这些犯人时,感到丧失这么多的臣民会使国家很快处于危险之中。但是,国家不愿意因此而解体,更不愿意回到情况坏得多的自然状态下,在那里连外在的正义也没有。最重要的是,通过刑场上一大堆尸体来展示正义,并不能平息人民的情绪。在这种情况下,往往必须允许统治者运用他的权力,在必要时参与他有责任过问的审判,并作出决定:对那些罪犯不判处死刑而判处其他刑法,从而保存人民中一大批人的生命。放逐的刑罚就与这种处理有关。这样的判决方式,不能依据一项公法来办理,而只能通过一种最高权力的尊严的、带有特权性的权威行动来处理，作为在个别案件中运用赦免权的一次行动。

贝加利亚侯爵反对这些理论，他提出了不同的观点。他出于人类感情的同情心，坚持所有的极刑本身都是不对的和不公正的。他提出了自己的看法：死刑不可能包括在最早的公民契约中，如果有此规定，人民中每一个人就必须同意，当他谋杀任何一个他的公民伙伴时，他就得偿命。可是，贝加利亚认为这种同意是不可能的，因为没有人会这样来处理自己的生命。他的说法完全是诡辩的和对权利的颠倒。没有人忍受刑罚是由于他愿意受刑罚，而是由于他曾经决心肯定一种应受刑罚的行为，因为事实上，任何人愿意去体验的东西绝对不是刑罚，也不可能有什么人愿意去受刑。“如果我谋杀任何人，我将受刑”这句话没有别的含义，它只是说：“我自己和所有其他公民同样遵守法律。”如果在人中间有什么罪犯，他所违反的法律当然也包括刑法。一个人，作为共同立法者之一，制定了刑法，他不一定就是根据这项法律而受到惩罚的同一个人（作为臣民）。因为作为犯人，他不可能被认为在立法机关中有他的一票，立法者在理性上被看作是公正的和高尚的。如果有人制定一项刑法，把他自己作为罪犯来制裁，必然是那纯粹司法性的立法的理性所决定的，这种理性使他自己把自己也作为一个可能犯罪的人，所以他把自己作为另一个人来看待，他和这个公民联合体的其他人都要遵守这项刑法。换言之，这并不是由于人民单个个别地去判决的，而是由公共的正义法庭（犯人除外）来判处极刑。这不能认为，社会契约包含了每一个人的同意：允许他们自己将要受到惩罚，同意这样处理他们自己和他们的生命。如果惩罚的权利必须基于犯错误的人的允诺,那么,他就要被认为是愿意受到惩罚,而且还有必要让他们认识到他自己应该受到惩罚。这样,这个犯人便成为他自己的法官。这种诡辩的最大谬误在于,认为对犯人的判决必须由他自己的理性去决定,即他有责任去忍受失去自己生命的痛苦,作为一项判决,它必须建立在他决心结束自己生命的决定上。这样一来,我们所说的权利的执行者,同时也是这个权利的审判者,即这两种人结合成为一个人了。

无论如何,有两个都该处死的犯人,可是人们仍然怀疑,立法是否有权对他们处以极刑。人类的荣誉感导致他们的人格长在。有一种起源于尊重妇女的荣誉感,另一种是尊重军人的荣誉感。这两种荣誉感都会对某个人产生一种(作为义务的)真诚、义不容辞的荣誉感情。前一个人犯了母亲杀害婴儿罪;后一个人犯了在决斗中杀死战友罪。立法者不能去掉私生子罪的羞耻,也不能洗净附着在怯懦嫌疑上的污点,如果一个军官不用他自己不怕死的努力去抗议一种带给他令人轻视的举动。因此,在上述情况下,这些个别的人,如果在自然状态下都会被宽恕。在上述两种情况中,他们的行为都必须被称为杀人而不是谋杀,因为后者有邪恶的意图。对这样的行为,毫无疑问都应该给予惩罚,但是不能由最高权力处以死刑。一个不合婚姻法而生出的私生子来到人间,他就不受法律的保护。这样一个婴儿,也可以说,就像一些违禁的货物被带进了国家,由于在这种方式下,他没有法律上存在的权利,因而毁灭它也同样可以被看作无罪。当这个母亲未婚分娩的事情为人所知时,任何法律条文也不能清除她的羞耻。同样,一个下级军官,如果受到一种侮辱,为同伴的舆论所迫,他就非去决斗不可,像在自然状态那样，对侮辱者的惩罚，只能以决斗的结果来论断。在决斗中，他自己的生命也处于危险之中，并不能得到公正法庭法律手段的保护。采用决斗的手段是显示他的勇敢，而勇敢这种品质又是维护他的军人荣誉的最重要的基础，哪怕这样的结果会杀死他的对手。如果这种情况是公开发生的，并且双方都同意，虽然这样做可能出于无奈，但不应称为谋杀。那么，上述两种情况涉及罪犯有什么样的公正权利呢？在这里，刑法的公正，事实上常被带进巨大的窘境之中，很明显，要么宣布荣誉的意义，在这里，荣誉肯定并非仅仅是一种玄想，法律对它不能置之不顾；要么从应受的惩罚去衡量这个罪行，而这样做就会变成过于宽容或者残酷。要想解开这个疙瘩就要用下面的办法，依照刑法的绝对命令，凡违犯法律而杀人者必须处死，这个命令依然有效。但是，当立法本身和公民的宪法一般地仍处于野蛮和不完善的情况下，它们是有缺陷的。这就是为什么在人民中间，荣誉的主观动机的原则与一些客观上符合另一种意图的标准不一致的理由。于是，国家颁布的公共公正，相对地说来就变成不公正了，而人民却拥护这种不公正。

② 赦免的权利[①]

赦免的权利，从它对犯人的关系来看，是一种减刑或完全免除对他的惩罚的权利。从统治者一方来看，它是所有权利中最微妙的权利。因为，由于行使这种权利，可以为他的尊严添加光彩，但也会因为这样做了而犯大错。这种权利的行使，不能用在臣民彼此间侵犯的罪行上，因为这样一来，被免除惩罚的罪行，可能是对

① 德文版无此标题。——译者

臣民做了一件非常不公正的事情。只有对偶然发生的某种有损于统治者本人的叛逆罪,他才应该行使这种权利。如果免除一种惩罚,人民的安全将会受到危害,那么,在这样的情况下,就不应该行使赦免权。这种权利是唯一值得称之为"君主的权利"的。

50. 公民和他的祖国及和其他国家的法律关系;移居(他国);侨居;流放;放逐[①]

根据政治的宪法,人们不必要依据什么特殊的法律条文,而只要他出生在该国,便是该共和国的公民,他们居住的地方或领土就称为他们的国家或祖国。外国是指这样的一个地方,在那里没有上述条件,但他们可以作为国外来居住。如果一个国外的国家在本国政府的管辖之下,并构成本国领土的一部分,那么根据罗马人习惯使用的名称,便构成一个省。[②] 它并不构成帝国的一个组成部分,从而成为平等的公民伙伴的住地,它仅仅是帝国的占有物,好像一个较低的家族,它必须尊敬对它享有管辖权的作为"母国"的国家。[③]

(1)一个臣民(也就是把它看作是公民)有移居出境的权利。因为他所在的国家不能把他看成似乎是它的财产而留住他。但是,他只能带走他的动产,而不能把不动产带走。不过,他有资格出售他的不动产而把售得的金钱带走。

① 德文无后边"移居……;放逐"的标题。——译者

② 指古罗马的海外省,其实是藩属国或被征服国。——译者

③ 德文出版者注"较低的家族"指"一个臣仆的占有物"。"母国"一词即现在说的宗主国。——译者

(2) 最高权力,作为一国之主,有权批准外国人移居入境,并对外来人和拓殖者给以居留的地方。即使该国的本地居民为此感到不痛快,但是,如果在那居留地内他们的私人财产没有受到妨碍或缩减,统治者的意志便维持不变。

(3) 如果有一个臣民犯了罪,影响到他的公民同胞的整个社会组织而对国家不利时,最高权力有权决定把他流放到国外的一个国家去。由于这种驱逐措施,他不享有他被流放到的那个国土上的公民所享有的任何权利。①

(4) 最高权力,一般地还拥有放逐的权利。根据这种措施,一个公民便被送到荒远的"国土之外"的地方。由于最高权威者对这个公民已撤回一切法律的保护,这就等于把他变成一个在他自己国家领土上的"法外人"。

51. 国家的三种形式。一人主政政体;贵族政体;民主政体

一个国家的三种权力(一般地包括在公共政府的概念之内),仅仅是人民的联合意志的许多关系,这种意志来源于先验的理性,它还被看作是国家最高首脑的纯粹观念的客观实践的体现。这个最高首脑就是统治者。但他只能被理解为全体人民的代表,这个观念还需要在某个人身上具体化。此人可以表现为该国的最高权力,并积极地使这个观念符合大众的意志。最高权力与人民的关系可以设想有三种不同的形式:或者是一个人在一国中统治全体;

① 德文版在此之后尚有"这就叫做驱逐出境"这句话。——译者

或者是一些人,他们按照彼此平等的关系联合起来统治其他所有的人;或者是所有的人共同对每一个人(包括他们自己在内)个别地进行统治。因此,国家的形式或者是一人主政;或者是贵族政体;或者是民主政体。君主制一词和这里所说的一人主政的概念不大相同,因为君主是拥有最高权力的人,而一人主政者,他是拥有一切权力的人。所以,后者是统治者,而前者则代表统治权(主权)而已。

很明显,一人主政政体是一个国家最简单的政府形式,只有一种关系,即国王一人和人民的关系。因此,只有一个人是立法者。贵族政体,作为一种政府形式却是由两种关系结合起来的关系:一种是贵族们作为立法者彼此发生关系并因此构成了主权;另一种是统治权力对人民的关系。民主政体是所有国家形式中最复杂的,因为它首先要把所有人的意志联合起来组成一国的人民,然后必须委任一个统治者来统治这个共同联合体,而此统治者只能是这个共同体的联合意志本身。至于那些由于暴力的干扰和非法篡夺权利,因而把上述三种政体混杂起来的种种政体形式,例如寡头政体和暴民政体以及所谓混合政治组织的讨论,这些都是非常重要的问题,在此均不详细论述,以免把问题弄得过于复杂。

至于一个国家中权利的行使(或执行)机构,可以说最简单的模式是最好的。可是,从它对权利本身的影响来看,这种模式对人民来说却又是最危险的,因为考虑到专制主义是很容易产生于行政权力的简单化。毫无疑问,理性有一条准则,那就是在国家这个机器中,追求一种简单化,即把人民在强制性的法律之下联合起来,如果人民全都是听话的,并且只服从统治他们的那一个人,这种情况将是安全可靠的。但是,这种方式却不能使臣民同时又是该国的公民。人们有的时候说,他们应该满意地认为君主政体(把它看作是一人主政的政体)是最优良的政治社会组织,如果君主是个好人,这就是说,如果这个君主的判断是正确的并决意按此去执行,可是,这仅仅是一种遁词,属于聪明动听的同义词的重复。这只是等于说:"最好的政体就是由最好的统治者来担任国家的最高行政首脑。"这还等于说,最好的政体就是最好的。

52. 历史的渊源和变迁。纯粹的共和国。代议制政府

对政治机构历史渊源的探究是徒劳的,因为要找到文明社会开始出现的时间是不可能的。野蛮人不可能写下一份文件,记录下他们自己如何遵守法律的。考虑到野蛮人的天性,人们倒可以猜想,他们是从一种暴力状态中开始的。如果抱着寻找一种借口的意图去探究这个问题,即想用暴力去改变现存的政体,这样的一种探索不亚于犯刑事罪。因为这样一种改变方式,等于是一次革命,这只能由一场人民的造反来达到,而通过合乎宪法的立法方式是达不到的。但是,对一个已经存在的宪法(政体)造反,就是推翻所有文明的和法律的关系,并且一般地是推翻一切权利(法律)。因此,这不仅仅是对公民宪法的更改,而且还要废除它。这就是说,要通过重建的(或再生的)办法过渡到一种较好的政体,而不是仅仅通过逐步改变性质的办法。这就需要一个新的社会契约,原先已被废除的契约对这个新契约不具影响。

可是,统治者必须有改革现存宪法的可能,如果它确实与原始契约的思想不一致。这样做,主要是为了使现存的这个可以恰当

地把人民组织在一个国家的政府形式存在下去。这种变化不能由这个国家任意地更改它的政体,把三种政府形式之一种改变成其他两种之一。举例来说,政治上的改变,不能由主政的贵族们联合起来顺从于一个一人治国的统治者,或者贵族都融化到民主政体之中,或者是采取相反的做法。好像这种改变决定于统治者随意的选择以及喜爱什么样的政体,他便可以把无论什么样的宪法加诸人民。即便统治者决心把现存的政体换成民主政体,他也可能为人民做了件错事,因为,人们也许会认为这种政体是可憎的制度,而觉得其他两种制度之一在当时的情况下对他们更为合适些。

国家的种种形式仅仅是在公民联合体中,由原始宪法的文字表达,这些形式可以一直保持下去,只要这些形式根据老的和悠久的习惯(这只是主观的)被认为对政治宪法的结构有必要。但是,这个原始契约的精神包含了一种责任,并把这种责任强加于那个建立机构的权力,要它使得政府的形式能够和它的精神相符合。如果不能立刻做到的话,那么就逐步地、不断地改变它,直到这个政府在它的工作中与唯一正确的政体和谐一致,这个政体就是纯粹的共和国。于是,那些古老经验的和法律规定的形式(它们只对人民的政治服从产生影响),也将被吸收进原始的和理性的形式之中,只有这些形式才把自由作为它们的原则,甚至把自由作为一切强制和强迫的条件。强制,根据国家的正确概念,事实上对实现一个有法治的政体是必须的,即使根据宪法的文字规定,强制最终将导致这种观念的现实,这就是永恒的政治政体,因为在此政体中法律本身就是统治者,统治权再也用不着依附于某个特殊的人。这就是一切公共权利的最后目标,在此国家中,每个公民能够绝对地拥有分配给他的东西。可是，只要国家的形式根据宪法的文字规定，必须由授予最高权力的法人来体现，那么，人民只能享有附带条件的固有权利，而不是一个绝对的文明社会的法治国家。

每一个真正的共和国是，并只能由人民代表的系统构成。这种代表系统是以人民的名义建立起来的，并由已经联合起来的所有的公民组成，为的是通过他们的代理人去维护他们的种种权利。但是，一旦国家首脑——可能是一个国王，或者是一些贵族，或者是在一个民主联合体中人民的整体——也变成了可以代表的，那么，联合起来的人民就不仅仅代表主权，而且他们本身就是统治者。最高权力本来就存在于人民之中，因此，每个公民（仅仅作为臣民）的一切权利，特别是作为国家官吏的一切权利，都必须从这个最高权力中派生出来。当人民的主权得以实现之时，也就是共和国成立之日。到那时，就再无必要把对政府的控制权交给那些至今还掌握它的人们，特别考虑到他们也许会再通过他们的专横和绝对意志去破坏一切新的制度。

因此，联想到我们这个时代中，有一种强有力的统治者犯了一个很大的错误，他试图把自己从庞大的公共债务的困境中摆脱出来，便把这个沉重的负担转嫁给人民，由人民去承担，并按他们认为最合适的办法在人民中间分担这个负担。这样一来，很自然地，这不仅涉及向臣民征税的立法权力，就连政府都会掌握在人民的手中。这时，对人民有一个要求，他们务必有能力防止由于铺张浪费或因战争增借新的债务。于是，君主的最高权力便完全消失，这个最高权力不是单纯被中止了，事实上，它已转移到人民的手中，这样，每一个臣民的财产都变成要服从人民的立法意志。这不能说,在此情况下,必须假定国家议会作出了一项默许的,甚至带有强制性的许诺:议会不能把自己变成一个主权者,只是在一段时间内执行统治者的事务,当这项工作完成之后,便再把政府的管理权交回到君主的手中。这样一种假设的契约是不存在的和无效的。在这个共同体中的最高立法权并非是一种可以转让的权利,而是所有权利中最带有对人因素的权利,不管谁掌握它,只能通过人民的联合起来的意志去处理关于人民的事情。因为,联合意志是一切公共契约的最后基础。如果一项契约规定人民要再次交还他们的权力,那么,人民的地位就不是立法者,甚至可以说,这是约束人民的契约。这项契约,根据"没有一个人能侍候两个主人"的原则来衡量,它是自相矛盾的。

二、民族权利和国际法

53. 民族权利的性质和分类

组成一国人民的许多个人,可以被看作是从一个共同祖先那儿自然地流传并发展起来的该国的本土居民,虽然这种看法不见得在细节上都完全真实。此外,也可以从心理状态和法律的关系上去考虑,他们好像都是由一位共同的政治母亲,共和国,所生。因此,他们所组成的国家也可以说是一个公共的大家庭或者民族,它的全部成员,作为该国的公民,彼此发生关系。作为一个国家的成员们,不能把他们自己和那些生活在他们邻近的处于自然状态的人们混合在一起,要认为这样做是可耻的。虽然这些野蛮人由于选择了无法律的自由生活，他们便自以为比文明化的人民优越；他们虽然组成部落，甚至组成种族，但决不是国家。各个国家在彼此关系中的权利[①]，就是在"民族权利"的标题下，我们必须加以考虑的内容，不论是什么地方的国家，如果看作是一个法人，他对于其他国家的关系，如果按照自然的自由条件来行动，那么结果就是一种持续的战争状态，因为这种自然的自由权利会导致战争。

民族的权利与战争状态的关系可以分成：(1)开始作战的权利；(2)在战争期间的权利；(3)战争之后的权利。这个权利的目标是彼此强迫各民族从战争状态过渡到去制定一部公共的宪法，以便建立永久和平。在自然状态中，个人的或家庭的彼此关系的权利，以及各民族彼此间的权利，其区别在于：对于民族权利，我们必须考虑的，不仅仅是一个国家对另一个国家（作为一个整体）的关系，而且还要考虑一个国家中的个人与另一个国家中的个人之间的关系，以及此个人与另一个国家（作为一个整体）的关系。可是，在单纯的自然状态中，民族权利与个人权利的区别，需要一些可以很容易从个人权利的概念中推演出来的原理作为依据。

54. 民族权利的原理

民族权利诸原理如下：

(1) 国家，作为民族来看，它们彼此间的外部关系——同没有法律的野蛮人一样——很自然地处于一种无法律状态。

---

① 在德文版中，这里还有一句话："用德语中各民族的权利或国际法来称呼它，并不完全正确，应该用国家权利或国家法才正确。"——译者

(2) 这种自然状态是一种战争状态,强者的权利占优势。虽然事实上不会老是发生真正的战争和持续不断的敌对行动,虽然也不会对任何人做出真正的不当的事,可是这种状态本身就是极端不当,如果构成国家的民族彼此相邻,就必然会相互摆脱这种战争状态。

(3) 民族的联盟[①],依照一项原始社会契约的观念,它是为了保护每个民族免受外力侵犯和进攻所必须的结合,但这并不干涉它们内部的一些困难和争论。

(4) 在这个联盟中的彼此关系,必须废除一个有形的统治权力,而在文明的宪法中,必须规定这种权力。这种联盟只能采取联邦的形式,它随时可以解散,因而又必须时时更新。

因此,它有一个权利,是作为另一种原始权利的附加权利而出现的,为的是防止各民族失掉权利,并彼此间陷入真正的战争状态中。这就导致一种“近邻同盟协定”的观念。

55. 要求本国臣民去进行战争的权利

我们必须首先考虑,自由国家,好像仍然处于自然状态中,各拥有彼此进行战争的原始权利。但是,行使这种权利是为了创造某种社会的条件,以便走向那种有法律的社会状态。最重要的问题是:国家根据什么权利,在涉及其臣民关系上可以让他们去作战来反对别的国家。国家为此目的动用他们的财产,甚至他们的生命,或者起码把他们置于有害和危险的境地。所有这些措施,都不

① 德文版中特别注明,这不是联盟而是结合。——译者

是取决于他们自己个人的判断,不决定于他们是否愿意走向战场,而是因统治者的最高命令才把他们送上战场的。

这种权利看来很容易就可以确定。它可以建立在这样一种权利上:每个人有权依照他的意志去处理他自己的东西。不论是谁对那些确实是为他自己而制造的东西,他都有权坚持它们是他的无可争辩的财产。那么,下面的推论仅仅是法学家所能提出的。

在一个国家中有多种自然的产品,从它们存在的数量和质量来看均如此。这些产品必须被认为是通过国家的工作特别地生产的。因为,如果不是在该国宪法的保护下,并且经常受行使管理职能的政府的安排,这个国家就不可能生产出这样多的产品来。如果那些居民仍然生活在自然状态中,也不可能生产出这么多的东西来。如果政府对居民的收入和财产不可能保护的话,那么羊群,其他牲口和鸡——最有用的家禽——猪,等等,要么被我们作为必需的食物吃光;要么被我们居住区域的猛兽抓走,结果它们就会全部消失,或者只剩下可怜的一点点。这种观点也可以用在人口数目上。如果我们有机会看到美国的荒漠,即使在那些地方投下最大的辛劳(但尚未这样做),现在那里也只有稀少的人口。任何国家的居民,如果没有政府的保护,只能稀稀疏疏地分散在这儿和那儿耕种。因为没有政府的保护,他们不可能带着他们的家人居住在一块土地上而不受敌人蹂躏和野兽糟蹋的威胁;还有,现在那么多的人住在一个国家里,如果没有国家保护就无法获得充分的生活资料。我们以种菜为例,例如种土豆,就和饲养家畜一样,丰收的土豆都是人类劳动的产物,它们可以被人使用、销毁或为人所吃,那么,似乎也可以这样说,作为国家最高权力的统治者,他有权带领他的臣民——因为他们多半是他自己的培育物——去作战，好像是去打猎;他甚至可以率领他们在战场上进军,犹如参加一次愉快的旅游。

可以想象得到,这种权利的原则,在那个君主的心中是朦胧不清的。但这项原则对那些可以变成人类财产的低级动物说来,至少可以肯定是真实的。可是,上述原则根本不能引用到人的身上,尤其不能用在作为公民的人的身上,必须把公民看作是该国的成员,有参与立法的权利,不能仅仅作为是别人的工具,他们自身的存在就是目的,要他们去作战就必须通过他们的代表,得到他们自愿的同意,不但在继续进行战争时一般地要这样做,而且每次单独的宣战也要这样办。只有按照这种有限制的条件,国家才有权命令他们承担一项如此充满危险的任务。

因此,我们宁愿从统治者对人民的义务中引申出这项权利,而不是相反。在这种关系中,必须认为人民已经作出了他们的认可。另外,人民有投票权,虽然从单独的个人的角度来看,他们是被动的,可是,只要他们代表主权本身的时候,他们却是主动的。

56. 向敌对国家宣战的权利

从自然状态来看,各民族进行战争以及采用敌对行动的权利是合法的方式,通过这种办法,他们用自己的力量去行使他们自己的权利,当他们认为自己受到损害时。所以需要这样做,是因为在自然状态中,尚不可能采用法律程序的方式,虽然这是解决争端的唯一妥当的方式。

战争的威胁不同于首次侵犯行为的重大伤害,而且也不同于敌对行动的一般爆发。战争威胁或恐吓,可以出于积极的军事准备,另一方的防卫行动就是建立在这种情况之上了。这种威胁也可以来自另一个国家,即仅仅由于它通过获得领土而可怕地增加了它的力量。力量较小的国家所受的损害,可能仅仅是由于出现一个强大的邻国,而不是该大国事先有任何行动。在自然状态中出现了这种情况下的发动进攻会被说是合理的。这样的国际关系就是均衡权利的基础,或者是在那些彼此积极接触的所有国家之间,提出"力量均等"的基础。

开始战争的权利是由于任何明显的损害行为而构成。它包括任何随意的反击或报复行为,当一个民族冒犯了另一个民族,后者不打算通过和平的途径去获得赔偿而采取的报复行为。这样一种反击行动,可以看成是不经事先宣战而爆发的敌对行动。如果在战争状态的时期存在什么权利的话,那必须假定有某种类似契约的东西,它包含宣战的一方和另一方都承认的内容,这也等于事实上敌对双方都愿意用这种办法去寻求他们的权利。

57. 战争期间的权利

要决定什么是构成战争期间的权利,是民族权利和国际法中最困难的问题。即使想去描绘这种权利的概念,或者在没有法律的状态中去设想出一项法律而又不至于自相矛盾,这都是非常困难的。西塞罗说过:"在武器之中,法律是沉默的。"根据某些原则去进行战争的权利必定是合理的,只要这些原则始终能够使得各个国家在它们彼此的外部关系中,摆脱自然状态进入一个权利的社会。

独立国家之间彼此攻打的战争,不可能公正地是惩罚的战争。因为惩罚仅仅是指一个职位高的人对一个臣民才能发生的关系,这不是国家之间的相互关系。一切国际战争,既不可能是“摧毁性的战争”,甚至也不可能是“征服的战争”。因为这会导致一个国家精神上的灭亡,它的人民或者完全被那征服的国家所融化而成为一个大群体,或者沦为奴隶。这种做法并非获得和平状态的必须手段,它本身和国家的权利相冲突。因为民族权利的观念,仅仅包括一种对抗性的概念,也就是根据外在自由的原则,为了使一个国家可以保持应该属于它的东西,但是,这不是为了获得一种条件,从扩张它的力量中可能变成对其他国家的威胁。

各种抵抗方式和防卫手段,对于一个被迫作战的国家来说都是允许的,除非他们使用的那些手段,会使得执行这些任务的臣民变得不配成为公民。因为这样一来,这个国家便不配被承认为国际社会的一员,即不可能根据民族权利在国际关系中,按照平等权利去参加活动。在那些被禁止使用的手段中,包括指派臣民去当间谍,或者雇用臣民甚至外邦人去当暗杀或放毒者(这类人中可以包括所有所谓狙击手,潜伏在埋伏点去抢杀单身人),或者收买特工去散布伪造的新闻,等等。一句话,禁止使用这些邪恶的和不讲信义的手段,因为这些手段会摧毁那种用来建立今后持久和平的信念。

在战争中,可以允许向被征服的敌人强行征税和纳贡。但是,用强行剥夺个人财产的办法去掠夺人民是不合法的,因为这等于抢劫,不把他们当作被征服的人民,而把他们看作是交战的国家,好像他们在政府的统治下,都变成了进行战争的手段。一切强行征税应该通过固定的征税文告来进行，并且要给他们收据，以便恢复和平之后，加给这个国家或省的负担可以按比例来承担。

58. 战后的权利

战争之后的权利开始于和平条约生效之时，并且涉及战争的后果。这种权利包括：战胜者提出条件并同意根据这些条件和战败当局达成和平的结局。条约要写出来，但的确不是根据任何需要他去保护的、据说是被他的对手侵犯了的权利。这个条约是战胜者自己提出来的，他把决定和约的权利建立在自己的权力之上。因此，战胜者可能不要求赔偿战争费用，因为这样一来，他在这个时候会不得不宣布，他的对手所进行的战争是非正义的。他虽然应该采纳这种论据，但他没有资格去引用它，因为这样一来，他就不得不宣布这次战争是惩罚性的，于是，他回过头来给对方一种损害。战后权利还包括交换俘虏，在交换时不能索取赎金，也不必在人数上要求平等。

被征服的国家和其臣民，都不因国家被征服而丧失他们政治的自由。这样，被征服的国家不会降为殖民地，被征服国的臣民不至于成为奴隶。否则，这场战争便成为执行惩罚性的战争，这是自相矛盾的。一个殖民地或（海外）省是由当地人民构成，他们有自己的宪法、立法机关和领土。在该地的属于其他国家的人仅仅是外邦人。殖民地和（海外）省却要服从另一个国家的最高执行权力。这另一个国家叫做“母国”。殖民地就像儿女一样接受统治，但同时有自己的政府机构，还有单独的国会，而以母国派来的总督为主席。这就是古雅典和许多岛屿的关系，也是当前（1796 年）大不列颠和爱尔兰的关系。

更不能因为一个国家的人民在战争中被征服，便可以推断奴隶制度是合理的，因为这样一来，便假定这次战争是惩罚性的。在战争中绝对不能找到世袭奴隶制度的根据，这种制度本来就是荒谬的，因为犯罪不能从他人的罪行中遗传下来。

此外，一次大赦要包括在和平条约之内，因为这件事已经包含在和平观念之中。

59. 和平的权利

和平的权利是：

(1) 当邻国发生战争时，有保持和平或保持中立的权利；

(2) 有设法使和平可靠的权利，这样，当缔结和平条约后，和平能维持下去，这就是保证(和平)的权利；

(3) 几个国家有结成联盟的权利，这是为了共同保卫他们自己来反对一切外来的甚至内部的袭击。这种结盟的权利，无论如何，不能扩大到组成任何集团来进行对外侵略或内部扩张。

60. 反对一个不公正的敌人的权利

一个国家反对一个不公正的敌人的权利是没有限制的，至少在质的方面是如此，不是从量和程度上而论。换言之，受害的国家可以使用(当然不是可以使用任何手段，但是实际上并非如此)一切被允许的和有理由的手段，只要这个国家力所能及，都会用这些手段来坚持那些属于它的权利。

人们一般认为，在自然状态下，每个国家根据自己的理由，都认为自己是公正的，那么，根据民族的权利，怎样才是一个不公正的敌人呢？不公正的敌人是这样的一个国家：它公开表示自己的意志，不论它是用语言或行动，但它违背行为准则，如果把这个国家的做法变成一条普遍的法则，那么各民族之间便不可能维持和平状态，并使自然状态必然永远继续下去。这是对公共条约的侵犯，可以把这样的任何侵犯看作是对所有民族自由的威胁，这样一来，各民族就可以联合起来反对这种侵犯，清除可以导致这种侵犯的力量。但是，这不包括瓜分和占据这个国家的权利，以致把这个国家从地球上消灭掉。因为这是对该国人民的不公正的做法，他们不能失去缔结成一个共同体的原始权利，并据此而采用一部新宪法，从性质上看不会是倾向于战争的宪法。

此外，人们会说，"在自然状态中，一个不公正的敌人"的提法是啰唆重复的，因为自然状态本身就是不公正的状态。一个公正的敌人可能是这样的一个人，如果我们反对他，就是对他不公正，可是，这样的一个人却不会真是我们的敌人。

61. 永久和平与一个永久性的民族联合大会

各民族间的自然状态，正如各个人之间的自然状态一样，是一种人们有义务去摆脱的状态，以便进入法律的状态。[①] 因此，在没有发生这种转变之前，各民族的一切权利以及各国通过战争获得与保持的一切物质财产都仅仅是暂时的；这些权利和财产也能够变成永久的，但只有当这些国家联合成一个普遍的联合体的时候，

① 康德所说的法律状态，当然是指法治社会。——译者

这种联合与一个民族变成一个国家相似。只有在这种情况下,才可以建立一种真正的和平状态。可是,这样的国家联合体是如此的庞大,包括辽阔地域内所有的政府,国家联合体对它的每一个成员的保护,最后必然变成是不可能的。于是这个庞大的合作关系就会再次导致战争状态。这样,永久和平,这个各民族全部权利的最终目的便成为一个不可能实现的理想。无论如何,为了追求这个目的以及促进各国组成这样的联合体(作为可以促进一个不断接近永久和平的联合体)的那些政治原则,就不是不实际可行的了。这些原则正如这个不断接近的进程本身一样,是实际可行的。这是涉及义务的一个实践问题,并且是建立在个人和国家的权利之上的。

这样一个为了维护和平的若干国家的联合体,可以称之为各民族的永久性的联合大会;每一个邻近的民族都可以自由参加。从各民族要求维护和平的民族权利来看,这样的一个联合体的组织形式,至少在本世纪前半叶已经出现了,它就是海牙的国际大会。在这个大会上,绝大多数的欧洲王朝,甚至连最小的共和国,都提出了他们关于这个国家对另一个国家进行敌对行动的埋怨。于是,整个欧洲好像成为一个单独的联邦式的国家,并为一些民族接受为仲裁人去处理他们之间的分歧。但是,后来代替这个协议的只是书本中保存的民族权利,这个协议便从各国的内阁中消失了,或者说,当武力已经被使用以后,它便被当作理论文献锁在了阴暗的档案柜里。

我们在这里说的联合大会,仅仅指各种不同国家的一种自愿结合,它可以随时解散,它不像建立在一项政治宪法之上的美利坚合众国，因而是不能解散的。只有通过这样一类大会，各民族公共权利的观念才能实现，它们之间的分歧才能通过文明程序的方式，而不是通过战争这个野蛮手段得到真正的解决。

三、人类的普遍权利（世界法）

62. 世界公民权利的性质和条件

一个普遍的、和平的联合体（如果还不是友好的，它也是地球上可以彼此发生积极关系的一切民族的联合体）的理性观念，是一种法律的原则，它不同于博爱的或伦理的原则。自然（凭借各民族居住的地方是个球体）已经把所有各民族都包围在一个固定的范围之内，即由水面和陆地组成的地球。在地球陆地上的一个居民只要占有土地便可以生活，这种占有只能被看作占有整体的有限部分，因此，作为地球的一部分，每人对它都拥有原始的权利。所以，一切民族最初都处于一种“土地的共同体”之中，但不是一种法律的占有共同体，因而也不是使用土地的或土地所有权的共同体，它仅仅是通过这个共同体使人们的彼此有形的交往成为可能。换言之，每一个人对其他所有的人都处于一种最广泛的关系，他们可以要求和别人交往，并且有权提出要在这方面作一次尝试，而一个国外的民族无权因此而把他们当作敌人来看待。这种权利可以称作“世界公民的权利”，这是就这种权利和所有民族有可能组成一个与联合体有关，并涉及某些普遍地调整他们彼此交往的法律而言。

从表面上看，各个海洋把各民族隔离开，根本不能彼此交往。

但是,事实并非如此,因为通过贸易,海洋为他们的交往造成最有利的条件。愈是靠近海洋的地方,以地中海为例,这种交往变得更为密切。于是,和这些沿海地方的来往(特别在那些和母国有联系的居留地,为这些交往提供了机会),让地球上某个地方发生的邪恶和暴力全世界都能听到。这种可能的滥用弊端,无论如何,不能废除一个人作为一个世界公民的权利,他有权要求和所有其他人的交往,并为此目的去访问地球上的一切地区,但是,访问并不构成在其他人民的领土上可以定居的权利,因为去定居需要特殊的契约。

可问题是,如果遇到新发现的土地,一个民族是否可以在另一个民族已经定居的地区附近要求定居,并占有一部分土地的权利,而且不用取得另一个民族的同意。

如果这个新居留地的位置是在远离那个先已在那儿定居的民族,并且既不限制也不损害另一个民族使用他们的领地,那么,这样的一种权利是不容置疑的。可是,如果遇到游牧民族,或饲养牲畜和狩猎的部落(例如西南非洲的霍屯督人、通古斯人以及大部分美洲印第安人),他们的生活来源来自广阔的荒漠地带,对这种地区绝不应该使用武力,只能通过契约去占领。而且,任何这样的契约绝不应该利用当地土著居民的未开化而掠夺他们的土地。可是,有一种流行的议论,认为用武力去占领可能是公正的,因为这会促进整个世界的普遍的好处。看来,他们好像找到了充分的证明,说他们的暴力行动是合理的,他们的一部分理由,是指那些野蛮民族因此开化了(由于这类借口,连毕声[①]也试图谅解基督教对

① 毕声:全名为安东・弗里德利希・毕声(1724—1793),德国地理学家。——译者

德意志的血腥入侵）；另一部分理由，是基于把罪犯从本国清除出去的必要性，希望罪犯们或他们的后代在另一个大陆（例如在新西兰）得到改造。可是，所有这些坚称是出于良好动机的言论，也洗不干净那些使用不公正手段去获得殖民地的污点。下面的说法也会遭到反对：如果这种关于用武力来建立一种法律状态的周密论调始终被认可，那么，整个世界就仍然处于一种没有法律的状态。然而，这种反对的论调，取消不了我们所讲的权利的那种条件，正如那种政治革命者的借口也同样办不到一样。这种借口是：当一部宪法已经变质退化的时候，人民就有权用武力去改变它。这种理论，通常是认为一次不合正义的行动，可以一劳永逸地使得正义建立在更加牢固的基础之上，并且让它兴盛起来。

结　　论

如果一个人不能证明一事物**是**什么，他可以试着去证明它**不是**什么。如果这两方面都不成功（常有的事），他还可以问他自己是否**有兴趣**从理论的或实践的观点假定**接受**这个或那个可以取代的看法。换言之，一种假设之可以被**接受**，要么是为了说明某种现象〔例如天文学家解释星体的衰变和“留点”（或静止）现象〕；要么是为了达到某个目的，这又可以分为：要么是**实用性的**，例如那些仅仅属于工艺方面的东西；要么是**道德**的，例如那些涉及一种意图，人们有义务把它当作行动准则去采用的意图。现在很清楚，这样一个有目的的可行的假定，虽然仅仅是作为一种理论的和带着探究性的判断提出来，仍然可以为他构成一种义务。我们在这里就是这样看待的。因为，虽然可能不存在去相信这样一个目的的积极的责任，甚至按照这种假定去行动，也不存在任何理论上的可能性，但是，只要这种假设尚未被范例证明其不可能之前，它就依然是一种义务，义不容辞地加在我们身上。

如今，事实上，道德上的实践性从我们内心发出它不可改变的禁令：不能再有战争。所以，不但你我之间在自然状态下不应该再有战争，而且，我们作为不同国家的成员之间，也不应该再有战争(虽然一国之内存在法律的状态。可是各国在对外关系上，在它们的彼此关系中，仍是处于一种无法律的状态)，因为，任何人都不应该采用战争的办法谋求他的权利。因此，问题不再是：永远和平是真实的东西或者不是真实的东西；也不是当我们采纳前一种看法时，我们会不会欺骗自己的问题。问题是，我们必须根据它是真实的这样一种假定来行动。我们必须为那个可能实现不了的目的而工作，并建立这种看来是最适宜于实现永久和平的宪法(也许是所有国家共同地并且分别地实行共和主义)。这样，我们也许可以彻底消除战争的罪恶，这是一切国家毫无例外地在内部事务的安排中，具有头等重要利益的事情。虽然这个目标的实现可能始终是一种虔诚的意愿，但是，我们确实没有欺骗我们自己，我们采取这种行动的准则，将会引导我们在工作中不断地接近永久和平。因为按这样去做是一种义务。那种把存在于我们内心中的道德法则当作一种欺人之谈的猜想，就足够激起可怕的念头：宁愿被剥夺一切理性，不愿生活在欺人之谈中。根据那样的原则，甚至宁愿看到自己降低到像低等动物那样，按本能去机械行动的水平。

也可以这样说，从理性范围之内来看，建立普遍的和持久的和平，是构成权利科学的整个的（不仅仅是一部分）最终的意图和目的。因为和平状态是唯一的具有下面条件的状态：在许多人彼此相邻地住在一起时，在人们之间的关系中，“我的和你的”均依据法律得到维持和保证。此外，他们结合成一个文明的社会组织，这个社会的规则不是来自单纯的经验，即某些人发现他们的经验对其他人是最好的一种标准的生活指南，可是，一般地说，这个社会的治理规则必然是通过先验的理性，从人们要依据公法去组成法律联合体的理念中获得的。一切特殊事例只能提供说明的例子而非证明，都不可靠；此外，所有的客观事件，都要求有一种形而上学，用它必然的原则去加以论证。这种看法甚至会被那些嘲笑形而上学的人间接地承认，他们常说：“最好的政体，就是在这个政体内，不是人而是法律去行使权力。”有什么东西能比他们这种观念具有更多的形而上学的崇高性呢？这种观念即使按照他们的说法，也具有高度的客观现实性。这种现实性可以容易地通过真实的例子来说明。还有，事实上只有这个观念，才能够得到贯彻，这个观念不是在一次革命中和通过暴力用突然的方式，去推翻现存的有缺陷的政体而被强化的，因为这样一来，整个社会的法律状态便会在一段时间内暂时消失。但是，如果这个观念通过逐步改革，并根据确定的原则加以贯彻，那么，通过一个不断接近的进程，可以引向最高的政治上的善境，并通向永久和平。

附　　录

关于法(学)[1]的形而上学原理的若干说明[2]

我所以要作些补充说明,最主要的原因是由于 1797 年 2 月 18 日《哥廷根杂志》第 28 卷对拙作进行了评论。评论广见卓识、审鉴严厉,同时也关怀并希冀《法的形而上学原理》能对科学有深远的裨益。我想以此评论作为评论拙作的入门,此外,也想把此说明作为这个体系的若干补充。

在本书**序论**的一开始,我的非常敏锐的评论家就遇到了一个定义——**什么是渴望的能力**?文章说,它是一种能力,通过它的想象构成这些想象对象的依据——这种解释可以用如下的理由来反驳:"一旦人们把渴望结果的**外在**条件抽象化,它将成为子虚乌有——但是,对唯心主义者来说,渴望的能力确实是某种实在的东西,虽然对唯心主义者来说,外部世界纯系子虚乌有。"**回答**是:难道有一种热烈的、然而同时又有意识使之成为徒然的渴望吗?(比如说:上帝啊,让那个人还活着吧!)这种渴望虽然**在行动上是空洞无物的**,然

① 正文里也译为"权利科学"。——译者

② 这篇说明附录系乙版本的补充,放在法学的第二部分之前。——康德原注

而在后果上并非空洞无物，虽然不能对外在物，但却能对主体（人）的内在本身产生强烈的效果（如使之生病）。一种渴望作为一种追求，通过想象构成依据，尽管主体看到，后者不足以达到预期的效果，但是这种渴望总是因果关系，至少在这个主体的内在方面是如此。——这里产生的误解是：（在上述情况下）由于意识到他的一般的能力，同时也是意识到他对外界的无能为力，因此这个定义不能运用在唯心主义者身上。因此，面对着对象物，在渴望能力的概念中，必然要想到想象的因果关系，因为这里谈的仅仅是（想象的）依据对一般效果（感觉）的关系（依据可能是外在的，也可能是内在的）。

1. 对再次大胆提出权利概念的逻辑准备

如果熟谙权利科学的哲学家把自己上升到法的形而上学原理的高度，或者他们竟敢于这样坚持（没有这些原理，他们的整个法理学都将仅仅是一堆法律条文而已），那么，他们不能对保证权利概念分类的完整性漠然置之，否则，这个科学将不是理性的体系，而仅仅是拾捡而来的材料的堆砌。——就体系的形式而言，原理的细目必须完整，也就是说，必须指出一个概念所占的位置，按照分类的综合形式，这个位置对于这个概念来说应该是开放性的。人们以后也可以这样表述，即把这样或那样的概念放在这个位置上，本身是矛盾的，是站不住脚的。

迄今为止，法学家占了两个共同的位置：物权的位置和对人权的位置。人们当然会问：既然还有两个作为先验分类的环节的位置是开放性的，单纯在形式上把两者结合成为一个概念，即建立在人的方式上的物权，正如建立在物的方式上的对人权一样，那么是否允许增加一个新概念？这样做虽然有问题，但是，是否必然会在一个完整的分类图表中碰到这样的概念，后一点是毋庸置疑的。因为逻辑的分类（它从认识的内容——客体——抽象出来）总是二分法，例如，每一种权利，或者是一种物权，或者是一种非物权。然而，这里谈的分类是形而上学的分类，也可能是四分法，因为除了分类的两个简单的环节（项目）外，还有两种关系，即限制着权利的条件关系，在这种条件，下一种权利结合着另一种权利出现，而出现这种关系的可能性特别需要加以研究。一种建立在人的方式上的物权概念是无论如何要排除的，因为不能设想有一种物会有对人的权利。现在的问题是：这种关系是否反过来也同样是不可想象的，或者这个概念，即一种建立在物的方式上的对人权概念，不仅没有内在矛盾，而且本身也是一个必然的概念，（由理性中的先验得出来的）属于"我的和你的"概念中的概念，把人按照类似于物的方式加以对待，虽然不是指全身的各个部分，但是却占有他，而且在很多情况下把他当作物来处置。

2. 建立在物的方式上的对人权概念的理由

建立在物的方式上的对人权的定义可以简要地概括为："这是一种人的权利，即把一个人除了人身之外作为物[①]来占有。"我特

① 我在这里说的占有一个人（Person）不是作为我的（用形容词 die meinige）家庭成员，而是作为我的东西（用名词 das Meine）。因为我可以说：这位是我的父亲。这只是一般地表示我同他的关系（连带关系）。比如，"我有一个父亲。"但我不能说："我（接下页）

意说"一个人"(die Person);因为另一种意义上的人(der Mensch)[①],如果他犯罪丧失了人格(成为农奴、卖身奴),是可以把他作为物来占有的,但是这里谈的并不是这种物权。

那么,前一个概念"作为法律天穹上的一种新现象"是一颗奇异的星星(一颗长到最大的星星,一种前所未见的,而后又逐渐消失的,也许会再次反复的现象),或者仅仅是一颗流星?这个问题现在应该研究。[②]

3. 例证

拥有外在物作为自己的东西就是法律上的占有,然而占有是可能使用的条件。倘若这一条件仅仅是作为物质的条件而设想的,那么占有就是持有。——仅仅是权利上的持有,虽然不足以把持有对象说成是"我的",或者使它成为"我的"。不过,不管出自何种原因,如果我有资格,迫切希望持有一个摆脱或挣脱了我的强力的对象,那么,这个权利概念不外是一种迹象而已(如果由原因产生的效果),表明我自认为有资格把它当作"我的",我对它的关系

(接上页)把他作为物占有。"然而我可以说:"我的妻子"。这意味着占有者与一个对象(哪怕是一个人)作为物权关系。但占有(物的占有)是可以控制一个作为物的东西的条件,哪怕这个东西作为物是同等对待的。另一方面,作为人却不是平等对待的。——康德原注

① die Person 和 der Mensch,均可译为"人"。不过前者较强调社会属性方面的人,法律和伦理上的人,后者较多地指自然属性方面的人。——译者

② 在此,可以看到康德对他所提出的"有物权性质的对人权"是何等自豪。他自以为这是对罗马法的一大发展。事实上,他的"新发现"既非"一颗奇异的星星",当然也不是"一颗流星"。——译者

也是理性的占有，而且也从这样的角度来使用这个对象物。

“他的”(东西)在这里虽然意味着对另一个人人格的所有权〔因为所有者不可能是一个人(der Mensch)对自己的占有，更不可能对另一种意义上的人(die Person)的占有〕，这仅仅指有享用权益是“他的”，即直接使用这个人，把他当作物一样来使用，使他作为手段为我的目的所用，然而不能损害他的人格。

但是，作为使用的合法性的条件，这个目的必须在道义上是必要的。丈夫(男人)既不能把妻子(女人)作为物那样享用而去追求妻子，不能在动物共同属性方面直接感受与妻子寻欢的乐趣，也不能仅让妻子献身于他而没有双方都献出他们自身的人格(即肉欲的或兽性的交媾)，也就是说，不能在没有结婚的条件下发生关系。婚姻作为相互献出他个人又占有对方，必须在此之前缔结：通过利用对方的身体使自己不丧失人格。

没有这个条件，肉欲的享受对于原则来说(纵然不总是依据效果来看)是野蛮的。粗俗地说，或者女方是否由于怀孕和由此而来的，对她来说是致命的分娩而被搞得疲惫不堪，或者男方则是否由于女方经常要求使用男方的性功能而被弄得精疲力竭，这只是享受方式上的区别。一方对另一方来说，在这种相互使用性器官方面，确实是一件能够消耗殆尽的东西。因此，通过一项契约取得这种能够消耗殆尽的东西，可能是一项违反法则的契约。

同样地，丈夫和妻子可能没有生育孩子——双方粗制滥造的作品，双方都没有对孩子以及相互间承担责任要抚育孩子：这样一种情况就等于把获得的一个人当作一件物，仅仅在形式上看是如此(即按照纯粹建立在物的方式上的对人权来衡量)。如果孩子脱离父母的强力，父母[1]有权反对任何占有孩子的人，同时有权强迫孩子去做一切事情和听从他们的命令。当然，所要做的事情和命令与可能的法律自由不能相悖，因此，这也是一种用来约束孩子的对人权。

最后，当孩子成年、父母抚育孩子的义务终止时，父母还有权利把孩子当作服从他们命令的家庭成员加以利用，以维持其家庭，直至孩子离开父母而独立生活。父母对孩子的义务是从父母权利的天然限制而产生的。直到此时，孩子们虽然是家庭成员，属于这个家庭，但是从现在起，他们就属于家庭里的仆役。因此，他们无非是通过契约，作为驯养物增加到家主的财富中去。——同样地，也可以根据一项建立在物的方式上的对人权，把这个家庭之外的仆役变为这个家主的财富，通过契约把他弄来作为帮工。这样一种契约不是一种纯粹雇佣的契约，而是献身给家主占有的契约，租赁的契约。租赁和雇佣的区别在于，租赁时，帮工受托做了规定了的和专门确定的工作，凡是有关家主福利（不是帮工本人的福利）的事，都允许叫帮工去做；相反，受雇做一定工作的雇工（手工工人或短工），并不委身为他人的财富，也不是雇主的家庭成员。——雇工有义务完成一定的劳务，但是在法律上不为他人占有，即使他居住在雇主家中，主人不能把他当作物来控制他，而是必须根据对人权，催促他完成通过法律手段命令他去做应做的、许诺过的劳务。——关于在自然法则学说中，一项陌生的、新增加的权利，就

① 德语中把年长者（Ältern）一词理解为前辈（Seniores），但是把父母（die Eltern）理解为双亲（Parentes）；这在语言上不能区分，但在意义上却差别很大。——译者

作这么多的解释和辨析，不过，这项权利以前已经一直在悄悄地应用了。

4. 关于物权和对人权的混淆

此外，“出售废除租赁”（见 31 节）这个命题，也被指责为我在自然的私人权利（私法）中提出的异端邪说。

有人出租房子，在房客居住租期届满之前，就向房客宣布解除租约；如果他在不该搬出的时间内这样做，看起来像是对房客食言，初看起来似乎是违背契约所规定的一切权利的。——但是如果能证明：房客在签订租约时就知道或必然会知道：作为财产所有者的出租人对他所作的许诺，自然地（不允许在租约中着重说明），也就是说，默默地与下述条件联系起来：只有在出租人在这个时间内不出售他的房子时才出租（或者在破产时不得不把房子交给他的债权人），这样，出租人并未违背他那根据理性的、本身也受制约的诺言，而承租人并不会由于在租期届满之前宣布废约而减少其权利。

因此，租约中所规定的房客的权利是一种对人权，某个人依据这项权利必须对另一个人尽些责任，它不是一种针对这个物的任何占有者的物权。

承租人本来能够保障自己在租约中规定的权利，可以获得一种对房子的物权：他只可以把租约刻写在出租人的房子上——作为固定在房子上的东西。这样做了，他就不会在协定届满之前因为财产所有人废约，甚至出租人亡故〔自然的破产或者文明的（法律宣告的)破产〕而被剥夺租权。如果他事先没有这样做,因为他想保持自己的自由的话,可以同别处订立条件更好的租约,或者因为财产所有者不让他在房子上刻写这样的义务,那就可以得出结论:双方中的任何一方在废约问题上(明文规定的期限除外)都意识到,他们达成一项默认的有条件的契约,也可以根据习惯,重新解除契约。通过出售废除租赁来证明这种资格,表现在由这样一种光秃秃的[①]租约所引起的某些权利(法律)的结论:因为承租人的继承者在承租人死后,并没有义务继续租赁,因为租赁只对某个人有约束,这个人一死,约束也就告终(但是,宣告废约的法定时间总得张榜告示)。同样,没有签订特别的契约时,承租人的权利也不能转移给他的继承人,只要他在双方都在世时没有专门达成协议,赋予他有资格确定一个后承租人,他就不能把这种权利转让给继承人。

5. 关于刑法概念讨论的补充

人在国家宪法的纯粹观念中,已经涉及惩罚公正性的概念,惩罚公正性隶属于国家的最高权力。现在的问题仅仅在于,惩罚方式对于立法者来说是否无所谓,如果这些方式作为手段是用以消除罪恶(如把占有他人财产视为危害国家安全),或者在作案人的人格方面(即对于同类人来说),必须注意尊重人类,而且,惩罚仅仅是出于权利的原因。因为我认为法律上的反坐法(以牙还牙的

① 即没有附款说明或其他可资证明的东西。——译者

惩罚）从形式上作为刑法原则还一直是唯一的、由先验决定的观念[①]（不是出自经验，认为无论用何种灵丹妙药，为了这个意图都是最强有力的手段）——然而要坚持对犯罪的惩罚，而惩罚又不许反驳，因为犯罪或者本身就不可能，或者本身就一般地对人类犯有该惩罚的罪，例如，强奸罪、鸡奸罪或者兽奸罪。前两种罪用阉割惩罚（用"白阉"，或者用土耳其宫廷的"黑阉"[②]）的刑罚，后一种罪犯则通过永远驱逐出文明社会来惩罚，因为罪犯自己不配待在人性的社会里——犯什么样的罪，受到什么样的惩罚——上面设想的罪行因此是不合乎自然的，因为它们是对人类本身犯下的罪行。——任意对它们进行惩罚是完完全全违背惩罚的正义性的概念的。只有这样，如果罪犯因自己的罪行自食其恶果，如果以其人之道还治其人之身，把他对别人犯的罪过也在他的身上施行，尽管不是按字义上，而是按照刑法精神这样做的，他才不会控告对他的不公正。

6. 论凭时效而获得的权利

"凭时效而获得的权利应该用自然法来说明。因为，如果不是

① 任何惩罚都会（公正地）伤害被告的荣誉感，因为惩罚包含着纯粹单方面的强制，因而在他的身上，在特别的情况下，至少停止了他作为一个公民的尊严：因为他要屈服于一种外在的义务，从他这方面却不许抗拒这种义务。达官贵人和富有者被罚款与其说会感到钱财的损失，不如说会感到他不得不屈服于比他低贱的人的意志的屈辱。因为应受惩罚的论据是道义性的。在这里，惩罚的公正性必须与惩罚的精明区别开来，因为后者仅仅是实用性的，是建立在什么能最有效防止犯罪的经验之上的，惩罚的公正性在权利的细目表上具有完全不同的位置，不是有利或是不可忍受的位置，在某种意义上，纯粹正义的位置，必须在伦理学中去寻找。——康德原注

② 此处"白阉"与"黑阉"（宫刑）系直译，区别何在，如何进行，均未查出。——译者

假设通过诚实的占有来阐述这里所说的理性的获得，那就根本无法保障任何获得是绝对的。（但是康德先生本人设想在自然状态中只有暂时的获得，并且因此迫切要求建立文明状态的法律的必要性。——然而我作为诚实的占有者，只能保护自己不受那个不能证明他比我更早成为同一物品的诚实的占有者，而且还无意停止作为占有者对我的侵犯。）”——这里谈的不是这个问题，而是我作为财产所有者是否能保住自己的地位，倘若同时有一个人提出，他是那个东西的从前的真正所有者，而这个人作为占有者的存在和他的占有情况绝对无法查考。如果后者根本未曾发出对公众来说是有效的、他连续不断占有的信号（不管是否他自己的过错），例如登记注册，或者作为财产所有人在公民大会上表示自己占有该物，又未遭他人反对，就证明是无法调查了。

因为这里的问题是：谁应该证明他的合法获得？不能把这个责任加诸现在的占有人，因为他占有着那个东西，只要已查明有足够的历史证明材料就可以了。那位据说是从前的物主，由于在一段时间内没有发出对公民来说是有效的、他的所有权的信号，根据权利的原则，他已经完全同随后的占有者分割开来。由于他没有采取为公众所接受的占有行动，他就成为一个无权提出要求的人。（相反，正如在神学方面，这就叫做：保存自身就是不断的创造。）即使有一个人迄今未提出过要求而后又带着找到的文件来提出要求，那么在这个人的身上仍然会引起人们的怀疑：是否还会出现一个年纪更大的人提出同样的要求，而且他的要求是建立在更早的占有之上的。——想最终达到因时效而占有一物，重要的关键不是占有时间之长短。因为，假定由于不义（无权利）的持续很长，不义(无权利)就会变成公正(权利),那是荒唐的,使用(还要长期使用)是以对一物的权利为前提的;相反,认为权利应该建立在使用之上就大错特错了。因此,通过长期使用一物作为获得的凭时效的占有是一个自相矛盾的概念。权利失效作为保持的方式也同样是一个自相矛盾的概念,但它是一个与前一个概念不同的概念,它指的是攫为己有的论据,也就是一个消极的理由,即完全没有使用他的权利,甚至连表示一下他是占有人这样必要的手续也没有,这就被认为是放弃该物。权利失效是一种法律行动,也就是对另一个人使用自己的权利,以排除这个人的权益去获得这个人的东西,这本身包含着矛盾。

这也就是说,我在没有证明,没有采取任何法律行动的情况下获得某物,我无须证明,而是通过法律,那该怎么办呢?我不能提出证明,我的权利是建立在不间断的占有之上的,这样,在公众前面就解除了别人的权益要求,即法律上保障我的占有。然而在自然状态中,一切获得都只是暂时的,这对占有已经获得物的安全问题并无影响,这个问题必然发生在获得之前。

7. 论继承

关于继承权利,这回评论员先生的敏锐目光并没有击中我的论断的论证神经。——我说的不是:"任何人都必然会接受提供给他的东西,如果他接受那个东西只会有所得,不会有所失。"(因为这样的东西根本不存在)而是说,任何人确实总会在这样一个时刻不可避免地和默默地,然而也是有效地接受提供的权利:即在事物的本质决定绝对无法撤销立约的时刻——在他死亡的一刻。因为这时候立约人不能撤销他所立的约，而受约人不得采取任何法律行动，在同一时刻成为接受者，他不是允诺的遗物的接受者，而是权利的接受者，即可以接受遗物或拒绝接受遗物的权利的接受者。在这个时刻，当遗嘱启封之时，他发现自己在接受遗产之前就变得比以前富有了，因为他只获得了**接受的资格**，而这种资格就已经是一种财富的状态了——在这里，如果要把一些东西，在自己不在世时变为**另一个人的东西**，其前提条件是文明状态。这种财产的过渡——由死者手中——丝毫没有改变根据自然法的普遍原则去获得（财富）的各种可能性，即使应用这些原则到前面那个案例中，也必须以一部公民的宪法（文明状态）为基础——我可以自由选择，无条件地接受或拒绝一件东西，这件东西就叫做：许诺之物。如果物主要无偿给我一些东西（答应它应该是我的），比如，我正在搬出的房子里的一件家具，只要他没有撤销承诺（倘若他在这期间亡故就不可能撤回诺言），那么只有我有权利去接受所答应的东西。也就是说，只有我可以接受它或拒绝它，而且随我的便：我获得这种独一无二的选择权利，并不是通过特别的法律行动来声明我应有这个权利，而是没有采取法律行动。——因此，虽然我可以声明，依我意，**这个东西不应该属于我的**（因为这种接受会给我带来与他人交恶的不快），但是我不能不要这种独一无二的选择——**是否应属于我或不应属于我**。因为这个权利（接受或拒绝的权利）不是通过我声明才享有的，而是直接由他人提供而得到的，因为如果我甚至能拒绝享有选择权，那么我会选择：不去进行选择，这是矛盾的。遗赠者死亡的那一刻，这个选择的权利就转让给我了。通过他的遗嘱我虽然还没有获得遗赠者的任何财产，然而却获得对这些财产或部分财产的纯法律的（理性的）占有。此时我可以接受财产再转赠他人，这样，这种占有就没有中断的时刻，而是这种合法继承作为持续不断的延续，通过继承人的接受，由死者过渡到被确定的继承者，因此，这个命题是毋庸置疑的：遗嘱属于自然法。

8. 论国家为臣民设立永久性基金会的权利

捐助基金会是一种自愿设立的慈善机构，它经国家批准，连续不断地对国家的某些成员进行资助，直至他们死亡。——如果它的规章制度与国家的宪法能保持一致，它就是永久性的（因为国家永远需要有威望）；然而，它的慈善活动的目的或者是为了整个人民，或者是为了按照某些特别的原则达成一致的人民的一部分，一个阶层，一个家庭，为了他们的子孙后代以至无穷。第一种类型，比如说慈善收养院；第二种类型，如教会；第三种类型是勋章（宗教的和世俗的）；第四种类型是长子继承权。

关于这些社团及其权利的继承，人们现在说，它们是不能取消的，因为那是通过遗嘱变成被确立的继承人财产的，而取消这种状态就等于剥夺了某人的财产。

一

为穷人、残疾人和病人而设立的慈善机构是建立在国家财富基础之上的（如捐助基金会和收容院），当然不会被取消。但是，倘若不是按字义，而是捐赠人意志的意义占有优先地位的话，那么也可能出现某些时候,(至少在形式上)取消这种捐助基金会是可取的。——因此,人们发现过,如果给穷人和病人(疯人院除外)以一定数量的钱(依时间的需要按比例分配),把他安排到他乐意去的地方,例如他的亲戚和其他熟人那儿,他可能会受到比在收容院更好、更舒适的照料——例如,比在格列因维希收容院好一些。此类收容院陈设豪华,然而人们的自由却极受限制,又配备有薪资高昂的人员。——这样做了,人们不会说,国家夺走了那些享受捐助救济的人的东西,而是国家采取更聪明的手段来保护这些人,更加关心他们。

二

僧侣(天主教僧侣)在肉体上不能传宗接代,他们依仗国家的支持,占有一些土地和这些土地上的臣民。他们属于一个精神国家(称为教会),世俗为了医治他们的灵魂,通过馈赠,把他们自己作为财产献给了这个国家,因此,教士作为一个特别的等级,拥有一份财产,这些财产可以一个时代一个时代地继承下去,并通过教皇训谕充分记录在案。——人们可以设想,由于世俗国家的充分权力(这也是一种教士同俗人的关系),恰恰可以夺取教士的利益,这就等于用暴力夺走某人的遗产,犹如法兰西共和国的无信仰者企图做的那样。

这里的问题是:教会是否可以作为财产属于国家,或者国家作为财产属于教会,因为两个最高权力不可能不无龃龉地互相隶属。——只有前一种宪法本身能长久存在,这本身是清楚的:因为整个文明宪法是产生于这个世俗世界的,它是地上的(人的)权力,而这种权力连同它的后果都可以在经验中加以记载。信教人的王国在天上，在来世，只要人们把他们置于世俗的宪法之下，他们就不得不在世人的最高权力下，屈从于这个时代的苦难。——因此，只存在着前一种宪法。

在现象中，宗教作为信仰教会的章程和牧师的权力，作为这样一种宪法治理下的贵族，哪怕这种宪法是君主制的（教皇制的），它既不能强加给人民以任何国家公民的权力，也不能剥夺他们的公民权力，更不能由于宫廷里信仰不同的宗教，而把公民排除在国家的公务之外，不让他们享有能使自己壮大的益处（如同在大不列颠的爱尔兰民族的情况一样）。

有些正直而虔诚的人，他们为了分享教会许诺给它的信徒们在他们死后的恩惠，设立一个永久性的捐赠基金，在他们身后捐赠的某些土地成为教会的财产，而国家将这一部分或那一部分，或者甚至全部，授予教会对采地者的保护义务，让教会专司此职的仆役（神职人员），通过祈祷、赦罪、忏悔，许愿他们在来世能交好运。如果这样[①]，那么这样一种据说是永久性捐赠基金会就根本不可能解释为永久性的，而是国家可以甩掉这种教会强加给它的负担，如果它想这样干的话。——因为教会本身是一个仅仅建立在信仰基础上的机构，而如果由于人民得到启蒙，这种见解所产生的欺骗性消失，那么建立在此基础之上的教士的可怖的权力也将完蛋，而国家完全有

① 这段话应为："如果有些正直的和虔信的人，通过祈祷、赦罪和忏悔——专司此职的教会的仆役（神职人员）通过这些仪式，许愿他们在来世能交好运——分享教会许诺给信徒们在他们死后的恩惠，设立一个永久性的捐赠基金会，在他们身后把捐赠的某些土地变为教会的财产，而国家对这一部分，或那一部分，或者甚至是全部，授予教会对采地者的保护义务，那么……"——译者

权控制教会的非分财产：即通过馈赠捐献给它的土地；迄今生存在这个机构采地上的主人有权要求在他们有生之年不受损失。

即使为穷人设立的慈善基金会或者学校，一旦它们具有由捐赠人按照自己的观念所草拟的安排，也不可能建立在永久的基础上，土地也会因此引起一些麻烦，而国家必须享有自由，可按时代的要求建立它们。——这种观念的全面实现难以持久（例如，赤贫的穷汉不得不通过讨乞卖唱，来补充已经建立的慈善学校基金的不足），这一点谁也不用惊讶。——因为那个助人为乐又令人敬畏地建立一个基金会的人，并不想让另一个人按照自己的概念去改变基金会，而是想让他自己在基金会里永垂不朽。但是这改变不了事情的本来面目和国家的权利，甚至可以说改变不了国家可以改变一切基金会的义务，如果基金会与国家的维持和进步相悖的话。因此这样一种捐赠基金会永远不能被看作是建立在永久的基础之上的。

三

一个国家的贵族，即使不是处在贵族的制度下，而是处在君主的宪法下，可能总还是一个在某一时代是允许的、依情况看是必要的法理概念；但是根本不能认为这个阶层是可以建立在永久的基础之上的，根本不能认为一个国家元首不应有资格彻底废除这个阶层的特权，或者，如果他这样做了，就可以说，他剥夺了他的（贵族）臣民因继承而得到的财产。贵族是一个有时间性的、国家授权的行帮性组织，它必须适应时代的情况，不许侵害人权——这种人权已被中止很长时间了。——因为国家里的贵族等级不仅依赖宪法本身，而且仅仅是宪法的附属物，只有通过国家的固有本质才能赖以生存（一个贵族只能存在于国家里，不能设想在自然状态中有贵族）。如果国家改变其宪法，那么谁要因此而丧失衔头和特权，不能说他的财产被剥夺，因为他只能在这个国体持续存在的条件下才能把衔头和特权称作“他的”：国家有权改良国体（例如变为共和制度）。——因此，勋章和可以佩带某些徽号的特权，并没有给持有者以永恒的权利。

四

最后，关于长子继承权，由于土地所有者通过确认的继承规定，在一系列继承者中总是由家庭里最亲近的一人成为（以后的）土地的主人（与一个国家的君主世袭制一样，那里继承的是一国之主），因此，不仅在所有父系男性亲属同意下随时可以取消这种权利。这种权利不许建立在永久之上——好像继承权粘贴在土地上一样——永世长存，也不能说，这是违反祖先的，即违反设立这种权利的人的权利，和违反他要求履行这种权利的意志，而是在这里，国家也有权利，甚至有义务——尽管它有逐步提出的要改革的种种原因——不让在他的臣民——像总督似的（类似于君主与总督）——中再次出现这样一种邦联式的制度，如果这种制度已经灭亡了。

结　论

最后，评论员先生在《公共权利》（公法）的栏目里提到一些想法，“如他所说，篇幅所限，不容许他对此多发表意见。”他就这些想法作了如下的注释。“就我们所知，还没有任何一位哲学家承认在所有的荒谬命题中这个最荒谬的命题：难道最高统治的纯粹观念，应该迫使我对任何站出来作为我的主人的人，都作为我的主人来听从他，而不问是谁给他这种向我发号施令的权利？人们应该承认最高统治和首脑，人们应该把这个和那个人——其存在甚至不曾先验地存在过——先验地当作他的主人，难道这是一回事？”——那好吧，就算谬论，我希望，进一步观察，至少不能证明是异端邪说；毋宁说，这位有远见卓识的、责人惟宽的和穷根究底的评论家（他不顾重重障碍，基本上认为《法的形而上学原理》是科学的收获），并不后悔，他曾至少作了一次不配进行第二次鉴定的尝试，力排众议，置那些胆大妄为和浅薄无聊的议论而不顾，挺身保护这个作品。

必须服从那个对人民拥有至高无上的有立法权力的人，而且在法律上是无条件的，哪怕只是对按照他所获得的这种权力进行公开的研究，也就是说，要是对他有所怀疑，在他背后反对他，都该受到惩罚，并认为这是一条绝对的命令：服从当权者（首先是在所有那些不违背内心道义的事情上），他握有统治你们的权力，这是一个令人厌恶的命题，应受到否定。——然而不仅仅是这条把事实（强占）作为权利基础的原则，而且那个统治人民的纯粹的观念，就迫使我这个属于人民的人，在还没有进行研究之前，就得服从这个非分的权利（见《权利科学》第49节），这似乎激怒了这位评论家的理智。

任何事实都是在现象中（感觉）的对象，相反，凡是只能通过纯粹理性才能表述的东西，凡是必然属于观念的东西，都不可能相应地在经验中存在着这类对象。同样，一种完善的权利的宪法（法律状态）只能存在于人当中，这是自在之物。

如果说，有一国通过法律，在当权者统治下有联合起来的人民，那么他们根据整个人民的统一观念，在当权者的最高意志下是作为经验的对象而存在的，诚然，只能在现象之中，这就意味着存在着一个普遍意义上的权利的宪法，虽然它有很大的缺点和严重的错误，还需要一步一步地作重要的改进，但是绝对不容许违反它，一旦违反就受到惩罚。因为如果人民自认为有权可以用暴力反对这个虽然尚有缺点的宪法和最高权威，那么人民就会想入非非，认为有权用暴力来取代那个规定包括最高权利的一切权利的立法，这将表示出一种自我破坏的最高意志。

一般地说，一部国家宪法的观念是神圣的和不可违抗的，它同时对于每一个国家的人民来说，是依据权利（法律）概念所判断的理性的绝对命令。即使国家机构本身犯了错误，国家的下级权力不得以行动反抗具有立法权力的国家元首，他所犯的罪过必须通过国家自身的改革逐步加以消除，不然的话，如果臣民有与之对立的（可以固执地擅自行事）标准，那么一部好宪法只有由于盲目的偶然性才能产生。——“听从拥有统治你们权力的当权者”，这个要求并没有探究当权者是如何获得这种权力的（而后在必要时又把它葬送掉）。因为你们生活在这种权力之下，现存的权力已经占有立法权，关于立法，你们虽然公开表示是明智的，可是你们不会屈从于一个与自己相违抗的立法者。

在一种主权的（通过一项法律把大家联合起来的）意志下，人民的意志（它自身不联合，也就没有法律）的无条件的屈从，是一种只有通过掌握最高权力才能开始的行动，而且首先要阐明一个公共的权利（公法），——如果还可以反抗这种权力的完整性（反抗限制着最高权力），这就叫做自我矛盾；如果那样，那个最高权力（允许反抗的最高权力）就不是立法的最高权力，立法的最高权力是首先确定的，不管它对公众是否正确——这一原则已经先验地存在于一部国家宪法的观念中，即在实践理性的一个概念里；虽然在经验中没有什么例子可以相应地从属于这个概念，然而作为准则却也没有任何经验会与它相违背。

图书在版编目(CIP)数据

法的形而上学原理:权利的科学/(德)康德著;沈叔平译.—北京:商务印书馆,2017
(汉译世界学术名著丛书:120 年纪念版:珍藏本)
ISBN 978-7-100-14445-2

Ⅰ.①法… Ⅱ.①康… ②沈… Ⅲ.①法学—德国—近代 Ⅳ.①D90 ②B516.31

中国版本图书馆 CIP 数据核字(2017)第 154801 号

汉译世界学术名著丛书
(120 年纪念版·珍藏本)
法的形而上学原理
——权利的科学
〔德〕康德 著
沈叔平 译
林荣远 校

商 务 印 书 馆 出 版
(北京王府井大街 36 号 邮政编码 100710)
商 务 印 书 馆 发 行
北京新华印刷有限公司印刷
ISBN 978-7-100-14445-2

2017 年 12 月第 1 版　　开本 710×1000 1/16
2017 年 12 月北京第 1 次印刷　　印张 14½
定价:72.00 元